English Writing

ワンランク上をいく
英語ライティング

英語が書ければ英語は話せる，
英語が書ければ英語の論理が分かる

川村正樹 著

大学教育出版

はじめに

　英語を話すための一般的な法則とは何でしょうか．この自問自答が本書の出発点にありました．長年，英語をうまく的確に，しかも論理的に話すにはどうすれば良いのか，あらゆる機会を捉えてその方法を明らかにしようと取り組んできました．その間，さまざまな試行錯誤を続けてきたのは言うまでもありません．読者の皆さんにも恐らく同じような経験がおありでしょう．

　例えば，英語を話すために役に立つ表現を覚え，繰り返し音読練習を行い，役に立つ表現を実際の場面で活用するということをごく当たり前のこととして実践してきた方も多いと思います．その結果，日常会話を身につけ，2文，3文（3語〜8語程度を用いた文）程度の英語だったら言えるという自信もついてきたに違いありません．これだったら外国旅行に行くにも大丈夫だし，不十分だけれども相手の言っていることも分かるようになっています．しかし，少し長めの英文を話すことになるとできないことが時々あるかもしれません．また相手を説得し，相手の言っていることに論理的に抗弁するなどの，少し込み入った内容になるとどうもうまくいかないかもしれません．果たしてこのままで良いのか不安だけが頭をよぎり，どうすれば良いのか悩んでしまいます．

　仮に読者の皆さんがこのような状況だったら，どのような対策を講じれば良いとお考えでしょうか．おそらく，その原因は語彙や専門用語が不足しているのではと想像するのではないでしょうか．また，その場にふさわしい表現方法を知らないために思うように議論を進めることができないとも想像するのではないでしょうか．しかし筆者としては，次のような点を提案したいと思います．

　それは，英語を話すためには，話すことのみを学習するだけではなく，それ以上に英語を読み，**英語を書いていく**ことがなければならないということです．まとまった内容を話す前には，その内容を一度文章化することが有益に働くということを理解しなければいけないと私は考えています．この理由についてはこのあと詳しく見ていきます．

　筆者は，冒頭で述べているような英語学習が無駄であるとか，役に立たないと

か言うつもりはまったくありません．しかし，これまで英語に対して長くつきあってきましたが，やはり英語は書けなければいけないということが次第に分かってきました．しかもただ書けるだけではなく，より効果的にあるいはより論理的に英文が書けなければあまり意味を持たないことが理解できるようになりました．

そこで本書では，副題にあるように「**英語が書ければ英語は話せる，英語が書ければ英語の論理が分かる**」を基本理念に掲げ，理論・実践を通して英語のライティングを身につけられるようにしました．そのために多くの演習問題を用意しました．また英語を分かりやすく論理的に理解してもらえるように，英文法を始めとした英語のライティングで欠かすことのできない背景知識を，理論編としてさまざまな観点から取り上げています．また本書では理論に重点を置き，その上で英語の表現技法を身につけるといった手法をとっています．

さて言わずもがなですが，英語のライティングを考える上で英文法は大事な要素の一つです．文法のない言語は存在しません．本書ではこの事実に鑑み，従来の学校文法を基本としながらも，「**認知言語学**」のさまざまな知見を英文法学習の一つのアプローチとして導入していきます．そのことによって，文法がより分かりやすくなり，「なぜそうなのか」の疑問に答えることができるようになります．それに，従来の英文法の底流に流れている背景は何か，その実体を解き明かすことにもきっと役に立つはずです．その上，「**人はどのように自分の外的世界や内的世界を捉えているのか**」ということを明らかにしていくという大きな可能性にもチャレンジしていくことができます．つまり，これまで人は世界をどのように言葉として切り取っているのか，言語化してきたのかという観点から英文法を捉え直していくことができるということです．いわば，パラダイムの転換です(**構造主義的言語観→認知主義的言語観** 詳細は後述します)．その結果，英語がより一段と書きやすくなります．

また，コミュニケーション時代の到来と言われて久しいのですが，これまでは，コミュニケーションをどう定義し，どのように効果的に展開していくかといった議論はあまり行われてきませんでした．そのため，**コミュニケーション能力 (communicative competence)** の養成（言語を正しく理解し，状況に応じ

て適切に用いる能力の養成）と言いながらも，実際には，場面や機能に根ざした英語の定型表現を発話するという単調な訓練になってしまい，必ずしも自発的な発話行動にはならなかったようです．

しかも現在，英語教育界では，前述のコミュニケーション能力の養成を目標にした**コミュニカティブ言語教授法（Communicative Language Teaching: CLT）**にどうも振り子が振り切れてしまっていて，「英語は間違えてもいいからとにかく口に出して言ってみましょう」という掛け声が聞こえてきそうです．しかし，本当に言いっぱなしでよいのでしょうか．

英語を話すにもそれなりの内容を含む英語でなければ聴衆は耳を傾けてくれませんし，逆に言いたい放題だけの「コミュニケーション」だけでは十分ではないはずです．そうなると，質・量ともに内容のある話でなければ十分とは言えないはずです．そこでこの問題を解決するためには，英語を書くことで思考力を身につけ，理路整然と英文を書いていくことが大変重要なのです．その恩恵は計り知れないものがあります．

このように，従来の**話すことを中心とした英語の勉強方法**から，**書くことを中心とした勉強法**に徐々に方向転換しなければいけないという思いを筆者は強くしているのです．書くことを英語学習の中心に据えて，自分の考えや思いを明文化していくことが重要だということです．いったん英語を書くことによって，論理的に筋道を立てて，自分の話したいことを積極的に文字言語化し，それを音声化すればりっぱなスピーチとなるでしょう．また，英語を書くことで論理構成をしっかり組み立てることができ，ディベート思考や critical thinking の力を養うことができるでしょう．これは，いわば一石二鳥の勉強方法なのです．

以上述べましたことを振り返りながら，本書によって「**何が身につき，何が可能となるのか**」をまとめておきましょう．

(1) 従来の英語を話すための方策だけでは成し得ない，**真の意味での話す力**を身につけることが可能となります．

(2) いわゆる「英語会話」に見られる対話文や2文，3文（3語〜8語程度を用いた英文）のレベルを超え，**英語の論理性を追究した本格的な「英語のライティング能力」**（いくつかのパラグラフから成る英文を書く能力）を身

につけることができます．

(3) 本書では，英語の表現技法のことを「**自ら表現する能力を産み出す力**」と定義し，情報の送り手，また受け手としてのいずれの立場からも，**論理的思考を積極的に駆使しながら，効果的に英語を組み立て，英語を書いていく力**を身につけていくことを目指していきます．そうすることによって，効率のよい論理性に富んだライティング力の習得を始めとする学習モデルの構築を目指していくことが可能となります．さらにこれを突き進めていくと，英語のライティングのみならず言語の4技能の他の面においても**波及効果**があると言えます．

(4) 英語学習における4技能のバランスを充分取りながらも，私たち日本人にとって望ましい英語学習のあるべき姿を追い求めていくときの手順として，どうしても**英語ライティングを学習の中心に据えた「学びの形態」**を考えることが必要となります．具体的には，Ⅰの総論編にて英語ライティングの大枠を学び，次にⅡの各論編にて「英語編成能力としての文法」を学ぶことによって，その「学びの形態」を考えていきます．その結果，従来の学校英文法を新たな視点から再構築していくことが可能となります．また，語彙力向上のための具体的な学習方法，さらには文章構成力向上のための有効な手だてを獲得することが可能となります．その後，Ⅲの演習・応用編へと学習を進めることによって，文字通り**理論から実践へ**と着実に英語ライティングを学ぶことができます．

(5) 英語教育に携わっておられる先生方には，自らの学習の助けとなるばかりではなく，勤務されている学校の置かれている教育環境，学習環境に鑑み，本書で示されている提示方法・学習方法を咀嚼(そしゃく)していただくことによって，積極的に活用していただくことができます（**汎用性が期待できます**）．

(6) 本書では，**認知言語学の知見**から多くのヒントを得ることによって，英語ライティングのための「新しい手がかり」を手に入れることができます．また，実際に演習問題を通してライティング力を磨くことによって，英語力の向上を実感していただけるものと確信しています．さらに，今まで以上に，英語ライティング力アップを目指していこうとされている高校生や

大学生，また一般読者の皆様方にも大いに参考になる内容となっています．

　ぜひ，本書によって「**英語は書くことを中心に学んでいく**」ということがどういうことなのかを知り，また理論的な裏付けをしっかりしていただき，その上で英語を書くことを楽しんでいただければ幸いです．本書がそのための一助となればこれに優る喜びはありません．

　なお，本書で用いている英文は，いくつかの例文を除き，すべて私のオリジナルです．誤りや思い違いがあるかも知れません．大方のご叱正をお願いいたします．また，本書を中学校・高等学校・大学の英語学習の一編として是非とも参考にしていただき，ご意見等々をお聞かせ願えれば誠に幸いです．

　　　　　　　　　　　　　　　　　　　　　　　　　　　　　川村正樹

ワンランク上をいく英語ライティング
―英語が書ければ英語は話せる，英語が書ければ英語の論理が分かる―

目　次

はじめに ……………………………………………………………………… i

I 総論編　現在の英語教育の問題点と「書く」力の必要性 …………… 1

    1　英語ライティング教育の新しい切り口　*2*

    2　改訂前の学習指導要領における英語ライティング　*3*

       実際の英語ライティング授業

    3　文科省新学習指導要領を読み解く（22 年 5 月発行高等学校学習指導要領解説外国語編・英語編より抜粋）　*8*

       「英語表現 I」「英語表現 II」が目指すものは何か

    4　なぜ「書く」のか①
（コミュニケーションの中での「書く」ことの位置づけ）　*11*

    5　なぜ「書く」のか②
（論理的な英語にする上での「書く」ことの位置づけ）　*14*

       英語の論理って何だろう／なぜ我々は英語の論理が苦手なのか／「論理」のまとめ／英語ライティングで「論理」を鍛える

II 各論編 ……………………………………………………………………… 23

    0　各論を論じるにあたって　*24*

      （1）英語を紡ぎ出す力とは何か？　*24*

      （2）構造言語学 vs. 認知言語学　*25*

       心的表象と情報処理

    1　いわゆる「文法力」について　*28*

      （1）英文編成力としての文法　*28*

      （2）英文法の全体的な姿　*29*

       英文法の全体像をどう捉えるのか／「プロダクト（産物）としての文法」

      （3）英文法で何を教えるのか　*32*

       英文法の授業展開方法

      （4）指導手順のまとめ　*40*

    2　語彙力について　*43*

      （1）単語の文法を知ろう　*44*

語彙文法／文脈に依存しない意味／「make」の文脈に依存しない意味を考える

（2）単語の意味を知ろう（意味はどこにあるのか）　50

単語の多義性／単語の意味拡張／「視点」によって異なる単語

（3）単語の語法を知ろう　56

冠詞の働きに注意！／冠詞の働きと役割／ゼロ冠詞

3　文章構成力について　58

（1）チャンクとチャンキング
　　　—チャンクの世界をどう捉え結びつけるのか—　58

名詞チャンク／名詞チャンク中の冠詞の位置／冠詞以外の限定詞の名詞チャンク中の具体的な位置／名詞の直後につけるチャンクのいろいろ／動詞チャンク／副詞チャンク

（2）パラグラフ　70

パラグラフの構成はこうする

（3）英文の種類と表現技法　76

英語の表現技法を知る／説明文／物語文／描写文／論証文

（4）英語における論理的構成　87

（5）要約　89

III　演習・応用編　93

1　英語表現技法を使って実際に英文を書いてみる　94

1.定義／2.比較・対象／3.分類／4.因果関係／5.例証／6.過程を表す文／7.物語文／8.描写文／9.論証文

2　英語のスピーチを書いてみる　163

（1）英語のスピーチを書く　163

（2）英語のスピーチを書くための第一歩は何か　164

（3）英語スピーチを書く上で，重要な理論はこれだ　166

スピーチの目的と発表形式／スピーチの目的と構成

3　目的に応じた英語スピーチを書いてみる　171

説得するスピーチ／行動を起こさせるスピーチ

4　ディベートの立論を書くための必要前提条件　175

はじめに／私たちが目指すべきディベートとは何か／ディベートの基本形式／

ディベート（競技ディベート）の基本手順とマナー／論題について／おわりに

5　ディベートの立論を書く時に考えること
　　　―ディベートの立証責任と論題―　*188*
　　　ディベートの立証責任／論題の具体例

6　「政策論題」を扱うディベートの立論を書いてみる　*189*
　　　立論（Constructive Speech）を書く（1つのケース）／プランの提示／プランの問題解決性／プランのメリット／否定側の反論

おわりに………………………………………………………… *197*

参考文献………………………………………………………… *200*

邦文索引………………………………………………………… *203*
欧文索引………………………………………………………… *205*

I 総論編
現在の英語教育の問題点と「書く」力の必要性

1　英語ライティング教育の新しい切り口

　本書を通じて，英語ライティングの学習，指導における新しい切り口について読者の皆さんとご一緒に考えていきましょう．日々，中学校・高等学校・大学等の教育機関で英語を教えておられる先生方には，日本の英語教育をどう改善していけばよいのか考えるきっかけとなれば大変嬉しく思います．そこでこの総論編では，**外国語としての英語**（英語が話されていない日本のような国で行われる英語教育，すなわち外国語学習環境下で行われる英語教育）という観点から，英語教育におけるライティングについて，その現状とあるべき姿を考えていきます．

　日本における**外国語としての英語**（**English as a Foreign Language: EFL**）では，英語ライティングはこれまで確固たる指導の理論構築や実際の指導が充分に為されないまま，「英作文」，その後，文科省学習指導要領改編により「ライティング」という位置づけによって実施されてきました．さらに平成 21 年 3 月告示の新学習指導要領では「英語表現」として，**より話すことを中心としたコミュニケーション**という色合いの濃い位置づけになっています．

　ここで問題になるのは，現在の英語ライティングを支える理論の問題と，実践を最大限可能とするであろう学習時間の確保が十分ではない問題の 2 点だと思われます．

　まず，指導法と言われているものは外国から輸入されたものがそのほとんどを占めているという事実です．しかも，**第二言語としての英語**（**English as a Second Language: ESL**）としての教授法がその中心となっています．そして，日本の英語教育ではその教授法（method や approach と呼ばれているものです）がそのまま当てはめられているといっても過言ではありません．

　その結果，日常生活において英語を必要としない平均的な英語学習者にとって大変負荷の高い学習内容になっているのも事実だと言えます．外国語学習の知見を広く受けいれるのは大いに結構ですが，それらを一度よく吟味して，**日本人に合った**，**日本人の**，**日本人による**，**日本人のための**英語教授法に作り替えていく必要があるのではないかと私は常々考えてきました．特に，中学校・高等学校では将来の英学生を育てるための英語全般における基礎教育を与えていくことにそ

の重要な意味があります．

　2点目に学習時間の問題です．現在，高等学校で英語ライティングに充てられている時間は2単位，つまり高校2・3年生でそれぞれ週2時間しかないということです．そして，問題をさらに難しくしているのは，この授業時数の配分が十分考慮された上でそうなっているのかという点です．その答えは，残念ながらノーと言わざるを得ません．

　これらの問題をさらに追究するために，そしてここで解決の手掛かりを掴むために，ここではまず重要な枠組みを示している文科省の学習指導要領の内容を見ていきます．

　改訂前（現2・3年生適用）の高等学校学習指導要領「英語ライティング」から，またその比較・対照という観点から，新学習指導要領平成21年3月告示「英語表現Ⅰ」「英語表現Ⅱ」から，該当部分のすべてを引用して，今後の議論のきっかけとします．そして私が求めている英語ライティングとは何かについて見ていきます．さらに，英語教育に携わっている教員が求めている解決策は学習指導要領に本当に見いだせるのか検討していきます．

2　改訂前の学習指導要領における英語ライティング

最初に改訂前の学習指導要領から見ていきましょう．

1　目標
①情報や考えなどを，場面や目的に応じて英語で書く能力を更に伸ばすこと．
②この能力を活用して積極的にコミュニケーションを図ろうとする態度を育てること．
2　内容
（1）言語活動
　　生徒が情報や考えなどの送り手や受け手になるように具体的な言語の使用場面を設定して，次のようなコミュニケーション活動を行う．
　　ア　聞いたり読んだりした内容について，場面や目的に応じて概要や要点を書く．→ **summary writing**（筆者による）
　　イ　聞いたり読んだりした内容について，自分の考えなどを整理して書く．→ **report writing**（筆者による）

ウ　自分が伝えようとする内容を整理して場面や目的に応じて，読み手に理解されるように書く．→ essay writing（筆者による）
　（2）言語活動の取り扱い
　　ア　指導上の配慮事項
　（1）に示すコミュニケーション活動を効果的に行うために，必要に応じて，次のような指導をするよう配慮するものとする．
　（ア）話されたり，読まれたりする文を書き取ること．
　（イ）考えや気持ちを伝えるのに必要な語句や表現を活用すること．
　（ウ）文章の構成や展開を留意しながら書くこと．（傍点筆者）
　　イ　言語の使用場面と働き
　（1）の言語活動を行うに当たっては，主として言語の使用場面と働きの例のうちから1の目標を達成するのにふさわしい場面や働きを適宜取り上げ，有機的に組み合わせて活用する．その際，手紙や電子メールなどの言語の使用場面を取り上げ，実際にコミュニケーションを体験する機会を設けるように配慮するものとする．
　（3）言語材料
　　ア　（1）の言語活動については，原則として，中学校及び高等学校の言語材料のうちから1の目標を達成するのにふさわしいものを適宜用いて行わせる．なお，言語材料は，現代の標準的な英語によるものとする．
　　イ　語は，「英語Ⅰ」の内容の（3）のイの範囲内で，1の目標を達成するのにふさわしいものを適宜選択し，連語は基本的なものを選択して指導する．
　3　内容の取り扱い
　（1）聞くこと，話すこと及び読むことも関連付けた活動を行うことにより，書くことの指導の効果を高めるよう工夫するものとする．
　（2）言語材料の学習だけにとどめず，情報や考えを伝えるために書くなど，書く目的を重視して指導するものとする．その際，より豊かな内容やより適切な形式で書けるように，書く過程も重視するよう配慮するものとする．

　以上が改訂前（現2・3年生適用）学習指導要領第6節ライティングの1目標2　内容3　内容の取り扱いをそのまま引用したものです．いかがでしょうか．読者の皆さんはこれをどうお考えでしょうか．実現可能なものでしょうか．特にどうすればライティングを教えられるのか，具体的な手掛かりを見いだすことができるとお思いでしょうか．

実際の英語ライティング授業

では次に，ライティングの授業は実際はどうなっているのか，現行の指導要領のもとで行われていると思われる英語ライティングの授業について簡単にまとめてみましょう．

◆**基本的な英文を書くための力をいかにつけるかが大きな指導のねらい**になっています．
◆つまり英文がどのような構造で成り立っているのかを知る，いわゆる**統語論（構文，文の構造）の問題を考えることが中心**となっています．
◆具体的には，単語や語群の配列の法則とその機能を学習することを意味しています．
◆そして，実際にやっている中心的な学習内容は，短い日本文を意味の通る英文に書き換えることです．

以上が恐らく一般的な学習内容ではないでしょうか．学校の置かれている教育的環境には大きな差がありますが，概ねこのような形の授業が多いと考えています．学校によっては，私も実践したことがありますが，従来から行われている1文単位のライティングにプラス1文という形式でライティングを行っているところも多いのではと思います．それ以上については，パラグラフ・ライティングを実践している中・高はいくつかあるように聞いていますが，十分とは言えない状態です．では，いったい何が欠けているのでしょうか．

上記の学習指導要領の具体的な反映である教科書の具体的な中身を見ていきますと次のことが分かります．問題の一形式として1文を中心とした「和文英訳」があります．「プラス1文」や「自由作文」といった発展学習もあるものの，その先のパラグラフ・ライティングにうまくソフトランディングできる手だてが施されていないことがあります．したがって，上の2（2）ア（ウ）**「文章の構成や展開に留意しながら書くこと」**の領域まで達している実践は少ない状況だと思われます．高校レベルでは，ここまで求めるのはやはり難しいのでしょう．また3（2）に**「より豊かな内容やより適切な形式で書けるように，書く過程も重視するよう配慮するものとする」**とありますが，実際のところはどうでしょうか．

私は，多くの学校にとって，一足飛びにパラグラフ・ライティングにいくのはかなり負荷の高い目標値となっていると考えています．やはり現実的ではないということです．ガイドラインとしての指導要領の指針を考えつつも，一方で教育現場との整合性を問うとすればいったいどうすれば良いのでしょうか．

　まず，そのための第一歩は，**系統的なライティング指導を展開できるような学校独自のシラバスを作る必要があります**．その際，各教育現場の学習者の現状をよく把握した上で**何が最大公約数なのか追究して，何を残し，何を切り捨てるのか考えてみる必要があります**．そして，そのシラバスは高校生が将来，本格的な英語，例えば学術的な英語が大学，大学院レベルで書けるようになるための**ライティングの素養**を身につけられるような学習内容を含むものでなければいけません．

　また，個人の学習レベルで言えば，自分は学習のどの段階にいるのかよく見極め，自分に合った学習シラバスを作成していくことが重要になってきます．その中で，いくつかの学習プランを立ててみることが必須の条件となります．その上で，何が可能で何が不可能なのか，しっかり見ていく必要があります．

　いずれにせよ，実際の取り組みとなると前例がないこともあるかもしれません．できるだけ自校の過去の指導実践例を洗いざらい総点検してみることが必要でしょう．また，学校間の連携を図り，多面的に情報交換ができるようにすることも必要かも知れません．研究会・学会等の資料も有効だと思われます．ネット社会の良いところを活用すれば，いろいろな資料を手に入れることができますので，あらゆる方法・手段を考えてみることが必要です．

　教師レベルでは，いくつかの実践例を参考に実際の授業を行ってみることが当然必要となります．とにかく，実際に行ってみることで，できることと，できないことも分かってきます．

　その際には，次の点を考慮することが重要だと考えられます．学習指導要領が求めている指導目標と実際の授業とに乖離があるという点です．どうそれを認識し，それぞれの学校で共通理解を図るかという点になろうかと思われます．

　例えば，上記の高等学校学習指導要領2の内容（1）言語活動で示されている，まとまった内容を伝える **summary writing** や **report writing**，さらには **essay writing** まで広げて授業展開をしていくには，橋渡しとして，単語の知識は言う

までもありませんが，語と語を結びつける文法や，その結果として意味の固まりがどのように形作られていくのかといったチャンクの問題や，そしてチャンクとチャンクをどのようにまとめて文にしていくのかといったチャンキングの問題も重要だと考えていかなくてはなりません．さらには，パラグラフをどう構成するかといったパラグラフ・ライティングや，書く過程も重視した英語表現技法を学ぶことが重要となります．

　ではここで，これまでの議論を再度，まとめてみましょう．
　以前より，実践の場で行われているライティング教育は，5語〜8語程度から成る1文単位の日本語を英語に転換するというものでした．全国の高等学校の置かれている教育環境（学力差，slow learners 等々）の問題を考えますと，これはこれで意味があったと考えられます．つまり，指定された材料と限られた学習時間の中での取り組みには，初歩的な文法や英文構成力を養うための，効率の良さを求めることができたからでした．
　これに関して，日本のライティング教育は和文英訳偏重だというやや批判的な論調もありました（大井 2005）．仮にそうだとすると，上でも述べたように，5語〜8語程度から成る1文単位の日本語を英語に転換するといった，日本語の短文を英語に言い換えるという従来型の指導が何も意味を持ち得なかったということになってしまいます．
　確かにこのままでは「木を見て森を見ず」というそしりを受けるかも知れませんし，私自身もこのままでよいとは決して思っていません．しかし，やはり1文単位の日本語を英語でどう書き直すかといったことなしには事は進まないと言わざるをえません．それに，やはり1週2単位の範囲ではライティングを包括的に見ていくのはハードルが高いと考えざるを得ません．今，ここで言えるのは，1文単位の和文英訳は避けて通れない道のりかも知れないということです．
　しかし今後は，学習指導要領に基づきながらも，各学校の置かれている教育環境を考慮しつつ，1文単位の和文英訳から脱し，いくぶん発展的な指導を，修正を加えながら展開していくという方策をとらなければならないと思うのです．

3 文科省新学習指導要領を読み解く（22年5月発行高等学校学習指導要領解説外国語編・英語編より抜粋）

　それでは次に新学習指導要領（平成21年3月告示）を，特に英語を書くという観点から読み解いてみることにします．早速全文を見てみましょう．なお文中の傍点は筆者によるものです．また，この度の新学習指導要領では，現行のOC Iと英語ライティングが合わさって「英語表現Ⅰ」「英語表現Ⅱ」となっています．

　英語表現Ⅰ
　1　目標
　　英語を通じて，積極的にコミュニケーションを図ろうとする態度を育成するとともに，事実や意見などを多様な観点から考察し，論理の展開や表現の方法を工夫しながら伝える能力を養う．
　2　内容
（1）生徒が情報や考えなどを理解したり伝えたりすることを実践するように具体的な言語の使用場面を設定して，次のような言語活動を英語で行う．
　ア　与えられた話題について，即興で話す．また，聞き手や目的に応じて話す．
　イ　読み手や目的に応じて，簡潔に書く．
　ウ　聞いたり読んだりしたこと，学んだことや経験したことに基づき，情報や考えなどをまとめ，発表する．
（2）（1）に示す言語活動を効果的に行うために，次のような事項について指導するよう配慮するものとする．
　ア　リズムやイントネーションなどの英語の音声的な特徴，話す速度，声の大きさなどに注意しながら話すこと．
　イ　内容の要点を示す語句や文，つながりを示す語句などに注意しながら書くこと．また，書いた内容を読み返すこと．
　ウ　発表の仕方や発表のために必要な表現などを学習し，実際に活用すること．
　エ　聞いたり読んだりした内容について，そこに示されている意見を他の意見と比較して共通点や相違点を整理したり，自分の考えをまとめたりすること．
　3　内容の取り扱い
（1）中学校におけるコミュニケーション能力の基礎を養うための総合的な指導を踏まえ，話したり書いたりする言語活動を中心に，情報や考えなどを伝える能力の向

上を図るよう指導するものとする.
(2) 聞くこと及び読むこととも有機的に関連づけた活動を行うことにより，話すこと及び書くことの指導の効果を高めるよう工夫するものとする.
(3) 生徒の実態に応じて，多様な場面における言語活動を経験させながら，中学校や高等学校における学習内容を繰り返して指導し定着を図るよう配慮するものとする.

英語表現Ⅱ
1　目標
　英語を通じて，積極的にコミュニケーションを図ろうとする態度を育成するとともに，事実や意見などを多様な観点から考察し，論理の展開や表現の方法を工夫しながら伝える能力を伸ばす.
2　内容
(1) 生徒が情報や考えなどを理解したり伝えたりすることを実践するように具体的な言語の使用場面を設定して，次のような言語活動を英語で行う.
　ア　与えられた条件に合わせて，即興で話す．また，伝えたい内容を整理して論理的に話す.
　イ　主題を決め，様々な種類の文章を書く.
　ウ　聞いたり読んだりしたこと，学んだことや経験したことに基づき，情報や考えなどをまとめ，発表する．また，発表されたものを聞いて，質問したり意見を述べたりする.
　エ　多様な考え方ができる話題について，立場を決めて意見をまとめ，相手を説得するために意見を述べ合う.
(2) (1)に示す言語活動を効果的に行うために，次のような事項について指導するよう配慮するものとする.
　ア　英語の音声的な特徴や内容の展開などに注意しながら話すこと.
　イ　論点や根拠などを明確にするとともに，文章の構成や図表との関連，表現の工夫などを考えながら書くこと．また，書いた内容を読み返して推敲すること.
　ウ　発表の仕方や討論のルール，それらの活動に必要な表現などを学習し，実際に活用すること.
　エ　相手の立場や考え方を尊重し，互いの発言を検討して自分の考えを広げるとともに，課題の解決に向けて考えを生かし合うこと.
3　内容の取り扱い
　「英語表現Ⅰ」の3と同様に取り扱うものとする.

「英語表現Ⅰ」「英語表現Ⅱ」が目指すものは何か

　以上が新学習指導要領で示されている「英語表現Ⅰ」と「英語表現Ⅱ」の全文です。

　これら2つの「英語表現Ⅰ」「英語表現Ⅱ」は，従来のOCⅠと英語ライティングの要素が合わさった科目設定になっています。言語活動の中身を表している箇所で「話す」「書く」および「伝える」「発表する」が出現する頻度から言えば，どちらかと言えば話す言語活動に力点が置かれていることが読みとれます。「話す」「書く」活動が出現する数をみると，「英語表現Ⅰ」では，「話す」が5，「書く」が3，「伝える」「発表する」がそれぞれ1です。「伝える」「発表する」は「話す」「書く」の両方に関連するとすれば，全体で「話す」6，「書く」が4ということになります。また，「英語表現Ⅱ」では，「話す」3，「書く」が2，「伝える」「発表する」がそれぞれ1です。英語表現Ⅰと同様に「伝える」「発表する」は「話す」「書く」の両方に関連するとすれば「話す」が4，「書く」が3ということになります。

　このことから「英語表現Ⅰ」の内容からは英語を書くという言語活動が少ないように思われます。コミュニケーションの一領域であるスピーキングにシフトしていると感じられます。もちろん，2　内容（1）イに英語を「読み手や目的に応じて，簡潔に書く」，（2）イに「内容の要点を示す語句や文，つながりを示す語句などに注意しながら書くこと」とあるのは理解できますが。

　一方「英語表現Ⅱ」ではどうでしょうか。こちらも2（1）イの「主題を決め，様々な種類の文章を書く」や，2（2）イの「論点や根拠などを明確にするとともに，文章の構成や図表との関連，表現の工夫などを考えながら書くこと。また，書いた内容を読み返して推敲すること」と記述があるものの，ライティングそのものの中身はどちらかというとスピーチやディベートといったかなり難易度の高いコミュニケーション活動にシフトしていると言えます。

　つまり「英語表現Ⅰ」では，主に話す活動を中心とした内容になっていると言えるでしょう。それに対して「英語表現Ⅱ」では，スピーチやディベートに特化したライティングを目指す方向性が読みとれます。いずれにしても，「表現力」という観点から言えば，話すことに重きを置いた捉え方がされていると言えるのではないでしょうか。もちろんこれらは，それ自体は悪くありませんし，否定す

るつもりは毛頭ありません．しかし，私が問題にしたいのは，**英語を使ってまとまったスピーチを行い，ディベートを行うためには，単に英語を話すという能力ではなく，英語の骨組みを形づくっている論理的思考力や物事を批判的に見ていく力が必要であるという点です．そしてその能力は，英語を「書く」ことで身につくというのが私の主張です．**

4 なぜ「書く」のか①
　（コミュニケーションの中での「書く」ことの位置づけ）

　以上，書くことの現状と書くことの重要性について簡単に述べてきました．ここからはなぜ書くべきか，このことを詳しく考えていくこととします．
　一説によると，コミュニケーションの定義には100種類以上あると言われています．ここで言うところのコミュニケーションは，単眼的には4つの側面があるのは言うまでもありません．言語を学ぶときの4技能を示しています．
　通常，「コミュニケーション」と聞くと，話すことに目が向きがちですが，そればかりではありません．読むことも，書くことも，聞くこともコミュニケーションです．日本語ではコミュニケーションはよく「意思伝達」と訳されることが多いのですが，また同時にそれは曖昧でもあります．では，「意思伝達」とは何でしょうか．
　一般的には，**コミュニケーションは，言語や非言語的手段を用いて相手に働きかける「情報伝達」の側面，働きかけに対して受け取る側の「情報受理」や，「情報処理」の側面といった，一連の情報伝達行動における授受活動を意味しています．**上で示した通り，これは言語あるいは非言語に関わる情報伝達行動を表しています．
　非言語による伝達手段は，顔の表情をはじめ，しぐさ，動作，態度，話し方や姿勢といったように多岐にわたっています．
　なお，ここでは「コミュニケーション」を，「ある種のシンボルを使ってメッセージの授受を図るプロセス」と定義しておきます．なお，シンボルには言葉によるものと，言葉によらないものがあります．本書では，言葉によるものを中心

に考えていきます．

　さて，私達はとかくコミュニケーションと言うと「話す」ということを頭に浮かべる傾向があります．これは無理もないことだと想像できますが，その原因の1つはコミュニケーション活動を一面的にしか見ていないため，狭い範囲の捉え方しかできないためだと思われます．世間でコミュニケーションが取りざたされる時に，「新入社員のコミュニケーション能力の低さが問題だ．挨拶ができない．社員同士の伝達がうまくいかない」というようなことが，よく話題に上ります．このことから何か口頭による表現力の向上が必要だという解釈が自然にできあがってしまっているように感じられます．

　英語学習においても，学習活動の一環としてのペア活動やグループ活動では，2人〜5人の班員で話すことを中心に学習活動が進められることからこのことが分かります．もちろん，最終的な段階における応答（response）という意味では，口頭による発表が最も必要な条件となるのは言うまでもありません．

　しかし，「話す」ことを中心とする活動の前提には，文字情報を読んだり聞いたり，読んだ内容をポイントごとにまとめて**書いたりする**ことがあると思います．こうしたことを前提に，英語による話す活動が成り立っていると考えられます．

　この本の基本的なコンセプトを，**英語が書ければ英語は話せる，英語が書ければ論理的に英語は理解できる**としているのもそういった理由が背景にあるからです．言い替えれば，「コミュニケーション」を単眼的に捉えるのではなく，複眼的に捉えることが重要となります．英語の4技能を統合した力を踏まえたコミュニケーション学習が必要となります．

　では，**コミュニケーションのための英語作文力（writing）**とは具体的にはいったい何でしょうか．

　私なりにその定義を考えてみますと，「**2語文，3語文という小間切れの文単位ばかりではなく，あるまとまった内容を持つ英文を作っていく能力**」となります．そこには当然のことながら，情報としての新しい伝達内容を含むことが前提条件として備わっていなければなりません．それは，指示であったり，命令であったり，報告，または提案や意見であったりすることが必要です．

ある目的と意図のもとに情報が伝えられるというのがコミュニケーションの大きな働きの1つです．したがって，コミュニケーションのための英語作文力では，それぞれの場面，状況に応じた英文作文能力が必要となります．

さらに言えば，伝える内容の目的や意図によって表現の仕方が変わってくるのは言うまでもありません．効果的なコミュニケーションを目指せば目指すほど，より目的に応じた英文構成法や論理展開方法を考えなければなりません．

最後に「書く」こと以外にコミュニケーションをするに当たって重要と思われる点を指摘しておきましょう．

① コミュニケーションはその形態にかかわらず，常に他者への情報伝達の目的と意図を念頭におくべきです．
② コミュニケーションは相手に伝えるという意志の反映です．ですから，伝える側の明確な目的と，相手に伝えるという強い意志を込めることが重要です．
③ したがって究極的なコミュニケーションの目的は，「人と人が繋がる行為」だととらえることが必要です．

ここで扱った内容

＊EFL 対 ESL
＊学習指導要領に見る英語ライティングの目標
＊実際のライティングの授業
＊これからのライティングの授業のあり方
＊文科省新学習指導要領（2010年3月公示）
＊コミュニケーションのための英語作文力とは
＊英語は書ければ英語は話せる，英語が書ければ論理的に英語は理解できる
＊コミュニケーションの働きと目的

5 なぜ「書く」のか②
（論理的な英語にする上での「書く」ことの位置づけ）

英語の論理って何だろう

　今度は，なぜ英語が書ければ，論理的に英語を表現することができるのか考えていきます．

　まず最初に「**論理**」の意味そのものについて考えてみましょう．論理は，英語では logic と呼ばれますが，その意味は次のように定義できます．a way of thinking or explaining something（*OALD* 2005）．

　日本語では，「考えや議論などを進めていく筋道」や「思考や論証の組み立て」（小学館『大辞泉』による）となっています．これらをまとめると，logic は主に論理学的観点（演繹における論理）から言えば，「論理」や「論法」という側面と，転じて「もっともな考え」，あるいは「論理的思考力」という側面があるということが分かります．

　そこでここでは，「論理」を「論理的に構成されていること」と読み換え，その具体的な形として，「**分かりやすい全体の流れになっていること**」，そして「**理由を述べること，その上でその客観的な根拠を述べること**」と定義しておきたいと思います．そしてこのことにより，「論理」による英語の発信者の主張に対して「理にかなった印象を持つ」ことが可能となります．

　日本語の場合，一般的な言い方でよく聞かれる表現に「君の論理には飛躍があるね」というのがあります．これは，「理屈に合わない結論が導き出されている」ということですが，上の定義によれば発信者の主張に対する充分な理由がないということになります．別の言い方をすれば，上の状況は，正しい論理展開（主張に対する理由付け）が成されないまま先を急いだあまり，「理にかなった結論が導き出されていないまま」事が進んでしまったことになります．このことに気づくことから，「理にかなった」表現活動の第一歩が始まるのではないかと考えられます．

　では，「理にかなった結論を導き出す」，つまり上述のことばで言えば，分かりやすい流れと理由，根拠があることを成立させるためには，どのような表現方法

が必要でしょうか．私は1つの方法として**「序論」「本論」「結論」**という形式を挙げておきます．

　「序論」では，発信者の結論（主張）とそれを支える「理由」を述べていきます．「本論」では，発信者がある「理由」に基づいて述べている結論（主張）の「前提条件」となっている「根拠」を述べていきます．最後に，「結論」では「序論」で述べた発信者の結論（主張）を完全な文ではっきりと明示していくのが重要であるのは言うまでもありません．これらの道筋を通して，きっと「論理的な」結論が導き出されるはずです．

なぜ我々は英語の論理が苦手なのか

　上で，「論理」とは何かの定義を試み，特に「英語における論理」という観点から少し見てきました．ここでは，それと日本語の関係を考えてみましょう．

　英語では序論，本論，結論の流れが論理的であることを述べましたが，ところが日本語では，表現者の結論（主張）が最初に述べられずに，根拠の一部から始めることが多く，徐々に肝心な部分へと展開していくやり方が少なからず見られます．

　また，日本語は guessing language とも言われ，あまり多くを語らなくとも自分の意思を伝えることができると考えられています．あまり言を多くすることもなく，その場の雰囲気で話が伝わるという思いこみがどこかにあるかも知れません．極論をすれば，それは日本文化が均質であり，ある意味，以心伝心で通じることができるからでしょう．つまり，お互いに共有している部分が多いので，いちいち表現しなくともお互いに理解できるということでしょう．こういった文化的背景を持つ文化を**高コンテクスト文化（high context culture）**と呼んでいます．

　逆に上のような状況が考えにくい文化では，話すにしろ，書くにしろ，事あるごとに明確に言葉にして表現する必要があると考えられます．つまり個人主義が発達している社会においては，お互いに共有する情報や経験が少ないためにそのつど，相手に情報を供与し，相手を説得し，納得させ，時に相手を論破しなくてはならない状況にあるということでしょう．このような背景を持つ文化を**低コンテクスト文化（low context culture）**と呼んでいます（Hall:1976）．

ですから，英語圏に暮らす人々にとっては，「英文作法における構成」というのが，1つの関心事になっていることは間違いなさそうです．この違いが英語の難しさを我々にもたらしているのです．

そこで対応策について一言述べてみます．我々が，低コンテクスト文化と向かい合う際，英語で表現する場合には，たとえ自明のことがらであっても説明を省略できないものがあることを意識してください．臨機応変に「英語独自の表現の仕方」や，「英語はイエス，ノーがはっきりしている」や，あるいはまた「英語には話のもっていき方にある一定の法則性がある」といった英語の「論理」を素早く察知して，「論理的に」発信しなければいけません．

英語には英語独特の表現習慣があり，それが他の言語（例えば日本語）の展開方法と異なるということであれば，それを敏感に感じ取る必要があるということです．

これは，おそらくどの言語をとっても言えることで，それぞれの言語にはそれぞれの特徴があり，それぞれの言語が使われている社会的背景や文化的背景を如実に各言語が表していると考えられます．いずれの言語を用いる場合にも，言語の持つ背景を認識しながら，表現しなければならないのです．私はこれを言語が持っている「社会的・文化的表象現象（social and cultural representation）」と呼びたいと思います．簡単には，言語は社会的事象や文化的事象の記号としての，一種の表象現象だということです．

「論理」のまとめ

ここまでのところで，言語は各言語の成り立ちや仕組みを背景にして，「論理」の展開が行われることが分かります．また，各々の言語は，前で触れたように社会的，文化的にも実に細かく絡み合っているとも言えます．

つまり，英語学習においては，文法を知り，語法を知り，構文などを知ることはもちろんですが，さらに重要なことは，「序論」「本論」「結論」といった表現技法を知ることで，それらがもたらす「繋がり」によってある一定の論理展開が産み出されていくことを理解することです．

換言すれば，英語では，これらの要素が縦に横に糸を結び，言語として紡ぎ出されたものが論理展開に寄与するものと考えられます．例えば，文法をうまく駆

使することで情報伝達手段としての英語が意味を持ち，内容のあることがらや事態を伝えることが可能となります．そして，特に効果的な論理展開をしていく上で，1つのバロメーターとしての役割を持つ「序論」「本論」「結論」をうまく使いこなすことが車の四輪となり，**「論理的な」**表現活動を行うための大きな推進力となります．

英語ライティングで「論理」を鍛える

　最後に，「書く」ことでなぜ上記の「論理」が鍛えられるのかまとめておきましょう．

　私はこれまで英文作法をさまざまな教育現場で指導してきました．例えば，その中で1文，2文からなる英作文やプラス1文英作文，指定されたテーマに添った英作文など，あらゆる機会を通して英語を書くという指導に携わってきました．また自らも実践を通して大きな成果を上げてきました．例えば，英語スピーチの原稿作成やディベートに関わる中での立論の作成や，効果的に相手を反駁するための英語表現技法獲得のための英文作法の習得に努めてきました．その書く練習の中でこそ，効果的に，序論・本論・結論，そして理由づけ，根拠（判断のよりどころ）をはじめとする論理を鍛えることができたのです．

　それでは以下，ライティングによってどのように論理が学習されるのか，具体的な実践例を挙げていきます．

　詳細については，演習・応用編で見ていきますが，ここではあくまでもその導入部分とお考えください．

　比較・対照（Comparison and Contrast）の観点から行うスピーチを例にとって論理の展開法を見てみましょう．

　序論，結論はあらかじめ用意しておき，本論のみ完成するように指示します．その後，応用編としてこのスピーチの結論に従って，次の英文作法に発展させていきます．すなわち，the most user-friendly toothbrush を3つの電動歯ブラシから1つ選択し，それに対する各学習者の反応を書かせていくというものです．その際，自分の結論（主張），その結論（主張）に対する理由を述べ，次の本論では述べた理由に対する根拠を書いていくことになります．もちろん，最終

的には全体のバランスを考え，書き手の結論（主張）に対する論拠を筋道たてて述べていきます．

Introduction:

Today I would like to present to you three electric tooth brushes from these three electric appliances firms.

Body:

First let me introduce to you an A-type electric tooth brush from Company A. This type of electric toothbrush is equipped with a new type of noise-reduction device which lowers noise by up to 20%. In addition, the charger performance has improved dramatically, which means you can make use of it for twenty hours per charge of one hour.

A B-type electric tooth brush from Company B comes in a handy case which you can bring with you wherever you go. Also this new type of toothbrush is battery-powered, so you can replace the battery at any convenience store.

"Lastly, the one from Company C which I have in my hand now, is a very fashionable electric toothbrush, currently selling very well around the world." This electric toothbrush comes in ten different colors for you to express your preference for color.

Surprisingly enough, all these newly-marketed toothbrushes are affordably-priced. You have free rein over your choices. Now is a great time to be buying a new toothbrush.

Conclusion:

Now that you have heard my presentation about the three electric toothbrushes, I think you should have understood some different features among them. Why don't you try using one of them and write a report on which one is the most user-friendly toothbrush? Thank you for listening.

（※具体例として挙げてある箇所は，太字で表記してあります．）

次に，現行の指導要領でも課題作文（essay writing）として登場してくる英文作法を題材にして，論理的に英語で表現することにどう関わるのか見てみましょう．

　ここで重要なことは，英語で書くという行動そのものが，論理的思考力を助長し，理にかなった英文の流れを，すなわち英語で表現するときの論理的展開法を可能にしてくれるということです．もちろん，その前提として，**「序論」「本論」「結論」**といった道筋をつけていくことで，英語ライティングの展開方法が可能となる点については言うまでもありません．さらに，「序論」「本論」「結論」のそれぞれに見合う論の展開方法を考慮することによって，論の意味づけが行われれば「論理的に英文が導き出されている」といった実感を得ることができるはずです．

　まず，**「序論」**で現状における問題提起を行い，問題点を絞り込んでおきます（現状分析）．そしてこの時点で，現在私たちが抱えている問題は，現存する制度や仕組みによってもたらされている，という具合に問題提起をしておきます．そしてその後は，書き手の結論（主張）とそれを支える理由を述べます．「結論（主張）はAです」と記述したとします．次にそう結論づけた理由を，「理由A」，「理由B」という具合に書いていきます．この時，注意する点は，理由は直接に結論（主張）に結びついており，結論（主張）を支えるものでなければなりません．例えば，「今度の新車は燃費がとびきりいいんです」という結論（主張）に対して，「シートは総革張りなんです」と表現するのでは，結論（主張）をしっかり支えているとは決して言えません．

　この後の**「本論」**では，序論で述べた理由について，書き手が説明を詳しく加えていくことになります．出てきた理由の数に応じて説明の数量を決めていきます．2つ理由があれば2つについて説明を加え，根拠を詳しく表現していくことになります．そのやり方の1つに具体的な数字や統計，あるいは専門家の意見などを用いることが考えられます．

　書き手の結論（主張）を支える理由を取り上げる場合には，「根拠」を述べることによって裏付けをとることが必要となります．ここで扱っている「根拠」とは，書き手が，ある理由に基づいて述べている結論（主張）の「前提条件」としているものと言ってもよいものです．

上の新車の例で考えれば,「新開発のディーゼルエンジンを搭載しているんです」を書き手の結論（主張）の理由だとします．そして，この理由によってもたらされた結論（主張）の前提になっているのが,「根拠」と考えられる部分で，その具体的な拠り所になっているのは「ディーゼルエンジンは燃料消費率がガソリン車と比較するとかなり低コストである」という点だと言えます．こうした内容を扱うのは，具体的には支持文（supporting sentences）と呼ばれているものです．いわば，ここでは書き手が議論（ディスカッション）を文章上で行っていると言えます．

　政策問題を扱う場合には，理由，そして根拠を述べた後に，書き手の意見や問題解決策を明確に提示することによって，現状の問題点を改善することができ，現状を打破することができるという利点を主張します．当然のことながら，新しい政策を導入する時にもたらされる不利益な点（disadvantages）よりも有益な点（advantages）が上回ると主張します．この時，少なくとも政策面で現状維持ではなく新しい解決策を採択することで，現状よりも改善が見られるといった「結論」を導き出していきます．こうすることによって，上の「理屈に合わない結論が導き出されている」状況を回避できるわけです．

　そして最後の「結論」では,「序論」で述べた書き手の結論（主張）を断片的ではなく，きちんとした完全な文で記述することが肝要です．

　ここまで「論理的に」という立場から，英語の論理性の追究を，英文をいかに組み立てるかという視点から見てきました．その一つは「序論」「本論」「結論」といった表現機能（「型」）とも言えるものでした．さらには，書き手の結論（主張）に対して理由を述べることが必要だと述べました．その上で，理由付けのために，根拠を述べるということが重要だという点でした．しかも，それで終わるのではなく，現状の問題を解決するための問題解決策の提示も必要な要素であるという点も加わりました．

　では，上の条件にそぐわないとどうなるのか，簡単に見ておきましょう．英語のスピーチを指導していると，よく見かける例に，次のようなことがあります．つまり，学習者がよく陥る失敗例ですが，ある経験を述べます．そしてその

後にいきなり結論を述べるということがよくあります．これでは説得力はありませんね．「だからどうした」という印象を聴衆に与えてしまうかも知れません．スピーチでポイントになるのは，話し手（スピーチの書き手）の結論（主張）に対する理由や根拠の提示が重要となります．さらに，現状の問題に対する解決策（英語では plan と呼びます）を提示するスピーチのディスカッション部分です．これも大変重要な意味を持つことになります．

　これらの指導や実践の中から見えてきたものは，**英語が書ければうまく英語は話せる．また英語が書ければ論理的に英語を理解することができる**，ということです．このことは Ong（1982/1991）が示しているように，「文字文化（書く）がうまれたことによってはじめてプロットというものが考えられるようになった」とする言説からも「書く」力を追究することで論理性が身に付くということが理解できます．

　読者の皆さんにもこのような実感を是非とも味わって欲しいのです．そして，その第一歩を踏み出すのもあなたなのです．きっと新しい発見があります．頑張ってください．

ここで扱った内容

＊論理としての英語
＊なぜ我々は英語の論理が苦手なのか
＊「論理」のまとめ
＊言語の持つ論理とは：文化的・社会的表象現象である
＊英語ライティングで「論理」を鍛える

: 各論編

0 各論を論じるにあたって

（1） 英語を紡ぎ出す力とは何か？

　総論編で「書く」ことの重要性を述べてきたつもりですが，ここからは「書く」力を詳しく見ていくことにします．

　さて，糸車を回して糸を紡ぎ出す力と同じように，ことばを紡ぎ出す力（ここでは英語を書く力）とはいったい何なのでしょうか．

　繭が持っている可能性は，糸になるという大きな役割を秘めているという点です．これはふだん目に見える形のものではありません．繭は繭としての形をしているだけです．しかし，いったん繭が糸となって紡ぎ出されると，それは糸という素晴らしい意味のある機能を獲得するのです．**言い換えれば，英語を紡ぎ出す力は，大きな言語の潜在能力として私たちの脳を潤沢に潤しているものです**．それは①狭い意味での文法力でしょうか．②語彙力でしょうか．それとも，③文章構成力でしょうか．

　やはり，①②③が統合された総合力としての能力が「言語力」というべきものだと私は捉えています．しかも①②③の能力が別個に存在しているのではなく，お互いに密接に絡み合いながら存在しているということだと考えられます．

　でも，私たちはその一つ一つがどのような機能を持っているのか，またそれらが互いに関連する様を本当に分かっているとは言い難いのです．なぜならば，無意識の内に，私たちは脳にある源泉から任意に必要な情報を取りだし，それらをうまく組み合わせ文字化したり，音声化したりしているからです．特に，母語においては，無意識の内にいとも簡単にことばを紡ぎ出しているのです．

　むろんここまで述べていることは，話し言葉の世界だけでも言えることです．しかしOng（1982/1991）が言うように，今の我々がことばを「書くように話す」という意味合いで捉えれば，英語のライティングの向上が実は話すことに通じていることが分かります．

　では，改めて上の①〜③の能力とそれぞれの中身とは何であるのか見ていくことにしましょう．そしてその中で，**英語を書く力が，話す力を開花させ，論理的に英語を理解することに繋がっていく**ことをお話ししていきます．

各論で扱う内容は以下の通りです．
1　いわゆる「文法力」について
（1）英文編成能力としての文法
（2）英文法の全体的な姿
（3）英文法で何を教えるのか
（4）指導手順のまとめ
2　語彙力について
（1）単語の文法を知ろう
（2）単語の意味を知ろう（意味はどこにあるのか）
（3）単語の語法を知ろう
3　文章構成力について
（1）チャンクとチャンキング
（2）パラグラフ
（3）英文の種類と表現技法
（4）英語における論理的構成
（5）要約

（2）　構造言語学 vs. 認知言語学

本節では，具体的な上記の各論に入る前に，「私が考えるアプローチの基本」という観点から，それぞれの各論を進めていく際の拠り所となる理論構築の枠組み（frame of reference）について述べていきます．

まず，これまで英語学習理論の根本を成してきた構造言語学と本書で取り上げている認知言語学における根本理論について概略を記しておきましょう．

一般的に従来の**構造言語学**では，観察できるものを中心に研究の対象にしてきました．そこでは事象として目に見えないモノをいったんブラックボックス化してしまうことを意味していました．つまり，心的な営みについては，直接扱わないという考え方です．

これに対して，ここで扱う**認知言語学**の考え方では，そのブラックボックスを開くというところから出発しています．つまり人が事象をどのように捉えているかというところから話を始めていきます．これは，専門的には**心的表象**と呼ばれ

ているものです．また，人が捉えた事象をどのように処理して使っているのかという**情報処理**の研究もあります．

　近年，こうした認知的スタンスから見た外国語教育に関心が高まってきています．それは，1970年代頃まで主流を占めていた構造言語学に基づく行動主義的スタンスから大きく転換を図るものです．例えば，ある文法事象を考えるときに，「なぜそうなるのか」の「説明力」や「記述力」が求められるようになりました．そこで現在なにかと議論を呼んでいる外国語教育を行動主義的スタンスから認知的スタンスへというパラダイムシフトの中で捉え直し，認知的スタンスから見た外国語教育を概観しておきます．

　従来の行動主義的な考え方は，あることが繰り返され強化されることによって習慣形成が行われることを「学習」と呼び，刺激（S）―☐―反応（R）を基礎概念とする行動主義的原理に基づいた概念形成でした．そこでは，内的なものをブラックボックス化し，外的に観察可能なもののみを研究対象としてきました．その概念装置は，入力を刺激（stimulus），出力を反応（response）とそれぞれ見なし，刺激を受け反応したものが繰り返し強化されることによって条件付けられる，いわゆる**「習慣形成理論」**でした．（Watson 1913）

　一方認知的スタンスは，人々の有り様によって意味が捉えられるとする考え方です．これはすなわち**「語には意味がある」**から**「語には意味がない」**すなわち**「人は語の意味をどのように捉えているか」**への転換です．これは，脳がある刺激を受け，その結果ある反応が起こり，それが強化されることによって何らかの習慣形成が促進されるとする行動主義的スタンスから大きく異なる点だと言えます．

　認知的スタンスに立った概念構築では，人の内なるもの，つまり人は心の中でどのように世界を捉えているのか，また人にとって意味とは何なのか，人が分かるとはどういうことなのかといった立場を取ります．これはすなわち，「人は語の意味をどのように捉えているか」に研究対象を求めることになります．この点を2つの鍵となるキーワードで示すと次のようになります．

心的表象と情報処理

①心的表象（mental representation）
②情報処理（information processing）
（小池ほか 2003）

心的表象（mental representation）は，人の「理解の仕方」，人の持っている「意味の全体像」と言い換えることができます．人は物事をどのようにとらえているのか，つまり人はどのように物事を表象しているのかいうことになります．例えば，意味を考える際には，「意味はそこにある何か」と捉えるのではなく「人は語の意味をどのように認識しているのか」と，捉え直すことにその意義があると言えます．

心的表象を言語との関係で言い直せば，**人が世界を言語化することで世界を語る**という意味です．言い換えれば，言語化することで自分の外的世界，内的世界を理解することになる訳です．ここで重要な点は，何を言語化の対象にするのかという点と，どうそれを言語化するかという2つの点です．これらをまとめると，**言語は人の認識の仕方を反映している**と言えます．すなわち，それは人の認識（perception）のレベルと，概念化（conceptualization）のレベルを含むものとなり，その結果，言語は説明可能となります．

一方，**情報処理**（information processing）と言えば，一般的にはコンピュータを用いて計算や統計処理を行うことを連想するかも知れませんが，ここでは人が行う精神活動を意味しています．

人が行う精神活動のうち，最も重要なものの1つは言語の習得ではないでしょうか．言語の習得がうまくできるか，できないかは，人がどのような思考力を身につけることができるか，できないかにも深く関わってくるでしょう．それほど重要で複雑な**認知的スキル**だと言えます．

この見解をことばの学習に活かすためには，さらに**言語知識がどのように記憶され，やがて自動化されていくのか，そして言語が産出されていくのか**の認知的プロセスを考えてみる必要があります．

こうした知見を文法学習に活用していきたいと考えます．ではどのような形で活用すべきか，それを考えるために，まず現在の学校英文法の問題点を見ていくことにします．

問題点として，①文法用語を不用意に使いすぎる，②文法項目の個別性を強調するあまり全体像が把握できていない，③文法学習の理論の欠如，④「コミュニケーションのための文法」という視点の欠如等々が挙げられます（佐藤・田中 2009）．

ですからこういった問題点を解決するための教育文法の再構築が必要となり，おおよそ次の4つが重要な課題となります．

① grammar of rules（語順 /-s, 動詞の活用），② chunking grammar |chunk（＝意味の固まり）の形成，名詞チャンク，動詞チャンク，副詞チャンクから文法を見ていく|，③ lexical grammar（語彙の形から文法を見ていき，解き起こしていく），④ notional grammar（ことばの機能面から文法を見ていく→表現文法）（田中ほか 2005）

そこでこの本では，特に②，③につき，先に挙げた認知的スタンスを取り入れた指導の取り組みや，より具体的なさまざまな例を交えた論を展開していきます．

この後は，いよいよ各論に入っていきます．

ここで扱った内容

＊英語を紡ぎ出す力とは何かについて
＊構造言語学 vs. 認知言語学「私が考えるアプローチの基本」

---

1 いわゆる「文法力」について

(1) 英文編成力としての文法

はじめに，ライティングを文法という観点からもう少し論じていきます．

英語の2語文，3語文，または他の一般的な文章のいずれの場合であっても，情報単位としての語句や節，慣用表現等で構成されている意味の固まりとして英文が紡ぎ出されなければなりません．しかもその言語情報には一定の配列があり，それに従って英文編成を推し進めていかなければなりません．

ここでの議論は，言語は配列の法則に従って紡ぎ出されていくという観点から，英文編成力を捉えていくものです．そして，英文の配列がどのような原理原則に基づいて形成されていくのか，言語の持つ**線条性**にも添う形の英文編成力を考えていかなくてはなりません．線条性とは，英語では，**linearity** と言います．これは言語学の用語です．その意味は，絵画や写真は面的な情報であるのに対して，**言語は一連の言葉が線的に並んだものであるということ**です．早い話，言葉は左方向から右方向に流れるとでも言えば良いでしょうか．それはちょうど糸が繭から紡ぎだされていくかのように，人が次から次へと形を結び，意味連鎖を形作り，ある種の文（ここでは英文）が編成されていくことになります．

　こうした編成・配列を学習するということは，**言語情報の流れ**に添う形で英文を組み立てていく方法を学習することと言い換えられます．

　まず主部，述部という概念を糸口にして，主部には核となる名詞（代名詞）があり，主語としての役割を果たすことに気づく必要があります．述部では，動詞が重要である点を意識し，動詞の意味によって次に続く情報（型）が決まることに気づくことが重要です．

　主部を考えるに当たっては，まず名詞を核とした英文の組み立て方を考え，名詞の前置修飾，後置修飾という観点から英文作法を見ていかなくてはなりません．前置修飾では主に名詞の前に使われる限定詞，数詞，形容詞について，また名詞の後につけて用いられる後置修飾では前置詞句，不定詞，現在分詞・過去分詞，関係代名詞について学習します．次に，動詞の後にくる語（句），節といった配列の仕方を考えることで英語の情報処理の仕方，つまり左から右へという情報の認知面における流れを理解し，どう英文を生成していくのか，その過程を追いながら5文型という英文の型を見いだしていきます．

（2） 英文法の全体的な姿
英文法の全体像をどう捉えるのか

　文法を単に個々の現象として見ていくだけでは充分ではありません．一つ一つの文法的要素が全体としてどういう繋がりを形成しているのか見ていく必要があります．また文法を包括的に見ていくことが，英語のライティングを考える上で大変重要になってきます．つまりそれは上でも触れましたように，情報単位とし

ての意味の固まり（つまり英文）を産み出していくための文法に他なりません．

しかも英文法の全体像を形作っていく場合，その構成要素であるそれぞれの文法項目をどのような優先順位で並べ替えるかによっても，その全体像が大きく変わってくると言えます．また，どのように取捨選択するかによっても大きく異なってきます．さらに，ミクロ的にある文法事象の断片だけを見ると，その影になってしまう部分が隠れて見えなくなります．つまり，文法的事象のどこにスポットライトを浴びせるかによって，あるいはどう切り取るかによってまったく異なる姿が見えてくる可能性が大きいと言えます．

いずれにしても，これまでの英文法は，いわば**「プロダクト（産物）としての文法」**だと言えます．つまり文法を形式的に，いわば解剖学的に分解していくという捉え方だと考えられます．それに対して，ここで提案する**「プロセスとしての文法」**は文法を使いこなすという観点から見ていくものです（川村 1994）．

そこでここからは，この2つの文法観を見据えながら，旧来の学校英文法と「新しい文法」の融合をどう図っていけば良いのか見ていきます．旧来の学校英文法を活かしつつも，新しい知見を取り入れた学校英文法はどうあるべきか見ていくことにしましょう．

「プロダクト（産物）としての文法」

従来の学校英文法は，「プロダクトとしての文法」であると述べました．それに対して，これから求める英文法は「プロセスとしての文法」を目指していこうというものです．「プロセスとしての文法」は，文法を使いこなすという立場からそれぞれの文法項目を捉え直していく過程を示しています．

言い換えれば，従来の学校英文法では，「文法を使いこなす」や「部分から全体へ」という本質的な視点が欠けています．このため，英文法は何かそのまま暗記するものとなってしまっており，英語をコミュニケーションの道具として用いる時の極めて有効な機動力として機能していないと言わざるを得ません．つまり**英文法が分からない，使えない**という状況を生み出してしまっているということです．これがどういうことか，少し具体例を通して考えていきましょう．

ここでは進行形の例をとって考えてみましょう．

進行形は中学1年生で必ず学ぶものです．まず一般的には，形から進行形を

学んでいると思います．すなわち，例の「be 動詞＋〜ing」です．これに日本語訳をつけた「〜しているところです」というものです．このあと絵やフラッシュカードを使ってパターン・プラクティスを実施して音読練習をしたり，動詞を替え，場面の設定を替えたりして入れ替え練習をして定着化を図ることがあります．しかし，ここまでで言えることは，be 動詞＋〜ing の形式とその意味に重きを置くあまり，肝心の現在分詞（-ing）の意味にあまり注意が向いていないということです．

　さらに言えば，中学 2 年，3 年に登場してくる動名詞との関連や形容詞としての働きを加味した全体像を構築することができていません．その度ごとに，いわば出たとこ勝負で扱うというのが現状でしょうか．

　したがって，全体像を見通して授業を組み立てるのが難しくなっています．その理由は，**「部分から全体へ」** という視点が欠けているからです．この「部分から全体へ」の取り組みが，英語の全体像をいかに身につけるのかのカギを握っていると言えます．

　私達は，学校で英文法を学んできていますが，それぞれの文法項目について，横断的にお互いに関連性を持たせて勉強してこなかったようです．つまり，各文法項目をその他の関連する文法項目とつながりを持たせないまま，文法項目を一つひとつバラバラに学んできたきらいがあります．不定詞や受動態，また現在完了や関係代名詞というようにそれぞれ項目ごとに知識を得てきたのです．

　何か物足りないと思いながらも，もっと効果的に学ぶ術を見いだせないまま現在まできてしまったと言わざるを得ません．ですから，なかなか英文法の全体像が見えてこないのも仕方がないと言えます．おまけに，それぞれの文法項目中心に注意が払われるあまり，英文法の「部分」もなかなか見えていないように考えられます．この状況は，ちょうどジグソーパズルで経験するように，いろいろと試行錯誤をしながら，1 枚の絵（または写真）を細かく切り分けて混ぜ合わせた断片を元通りに組み合わせようとするものの，その努力の甲斐も虚しく，最後まで完成できないでいる有様にどこか似ているところがあります．

　ここで重要となるのは，英文法の全体像を構成する部分のどれを抽出し，調整・分析を加えるのかであり，いかなる理論に基づいてこの必要十分条件を満たしていくのか考える必要があるという点です．

その意味で，本書では，認知言語学的立場から，名詞の世界や動詞の世界，そして副詞の世界を捉えて，どのようにそれぞれの世界を展開できるのか探ることにしたのです．

> ここで扱った内容
>
> *英文法の全体像を捉えるには何が必要か？
> *「プロダクト（産物）としての文法」
> *「プロセスとしての文法」

（3） 英文法で何を教えるのか
英文法の授業展開方法

　英文法の授業では，これといった授業の形態は確立していません．文法項目の解説や演習に終わることが一般的です．もちろん解説・演習によって学習者に理解してもらうというのがそのねらいであることは言うまでもありません．しかし，読者の皆さんは従来の学習方法では，どうもいまいちスッキリしないと感じておられるのではないでしょうか．

　先ほども触れましたが，この理由はおそらく次のようなことが原因だと私は考えています．ポイントをまとめてみましょう．

① 学校文法は，ある意味一つの集大成ではあるが，「なぜそうなるのか」といった記述や説明がない．

② いわば従来の学校文法は単にプロダクト，すなわち産物としての文法として捉えているだけで，プロセスとしての文法として捉えていない．ここで「プロセス」というのは，文法を使いこなすという立場から学校文法を捉え直すという意味です．

③ 従来の学校文法では，どうしても文法項目の一つ一つを細かく分析していくという方法を取り，ともすると暗記物としてしか捉えることができないでいる．

④ 名詞や動詞，副詞といった駒の集合体である英文を考える場合に，単語の配列に直接関わってくる「語彙レベルの文法」という発想があまりない．

また，英文法を体系的に学習していないので，それぞれの文法項目が断片的にしか捉えることができない．そのため，文法項目間の連関がうまくとれない．
⑤ 単語を**語彙文法**という視点から捉える発想はまったくなく，ただ語義の羅列にすぎなく，あまり興味・関心が持てない．

以上に鑑み，従来の学校英文法を踏まえながら，どう発想の転換を図るか見ていくことにします．以下では，私が実際，授業で使った教科書をベースにして，どのように教科書を活かしながら，「新しい視点」を組み込んでいけばよいのか，writing の授業実践例を紹介していきます（参考にした使用教科書は，東京書籍発行 PROMINENCE English Writing 2006）．

目次は次の通りです．

```
Step 1   何から始める？（主部）
Step 2   それからどうする？（述部）
Step 3   主部を長くするには（主部の拡大）
Step 4   数と冠詞を意識する（数と冠詞）
Step 5   変身する it（形式主語など）
Step 6   説明はあとだ！（関係詞）
Step 7   LOVE には相手が必要（S＋V＋O, S＋V＋O＋O）
Step 8   君の目的語を広げよ（目的語の拡大）
Step 9   目的語に味付けをする（S＋V＋O＋C）
Step 10  自動詞にも味付けをする（S＋V＋C）
Step 11  副詞で君の文を飾れ（副詞）
Step 12  助動詞でニュアンスを出せ（助動詞）
Step 13  終わってしまったこと？（完了形）
Step 14  これから先のこと（未来と進行形）
Step 15  本当はそうじゃないけど（仮定法）
Step 16  カッコよく受け身を（受動態）
Step 17  何でもきいて（疑問文）
Step 18  だめだこりゃ（否定表現）
Step 19  言った，言わない（話法）
Step 20  比べてみれば（比較）
Step 21  つなぎのことばは何にする（接続詞）
Step 22  いろいろな顔の文たち（there is, 強調表現）
```

教科書の目次（上述の Step1〜Step22）を参考に，本書で提案している理論に従ってどのように読み替えていけばよいのか以下に網羅的に示していきます．その後，Step1〜Step22 に関して読み替えた結果を，**（4）指導手順まとめ**（40ページから 41 ページ）に **Step 1: 1. 2. 3. 5.** のように並記していきます．

（注）**Step 1** は教科書の目次，**1. 2. 3. 5.** は読み替えた内容の番号をそれぞれ表しています．

ここからは，目次をどう読み替えたのか見ていきます．

1. 何から解き始める？ということから，主部，述部という概念を導入する．
2. 主部には，必ず核となる名詞（代名詞，名詞に代わるもの）すなわち主語があると注意を改めて喚起させる．
3. 主部を長くしていく方法として，「限定詞＋数詞＋形容詞＋名詞（代名詞）」を提示する．
4. 最初の第 1〜2 限では，2. 3. を十分学習者に認識させ，教科書にある例文，タスクにしたものを行う．むろんこの時，動詞を中心とした述部の成り立ちにも簡単に言及することは言うまでもない．
5. 応用として and を使って 2 つの名詞をつないで主部を構成する方法，また動詞-ing（動名詞）を含む主部にも注意を向ける．さらに，such as, like などを使って主部を長くしていく方法を提示する．
6. 述部では動詞がその中心的な働きをすることに目を向ける．
7. 同時に，①動詞の形，②動詞の型にも触れる（時制と相）．
8. 動詞の形については，現在形，過去形を特に意識させ，これらとは別に will を使った未来的表現を扱う．→ 時制と相の関係から詳しく捉える．
9. 動詞のもう 1 つの側面，「相」について単純相，進行相，完了相，完了進行相などについては「相」という観点を導入する．
   受け身は「態」の変換という真の意味を捉える．
10. 動詞の型（6 つのパターン）については，
    ①対象・状態を語る動詞＋対象／状態：「主語＋動詞＋名詞／形容詞／副詞／前置詞句」

②2つの対象を語る：動詞＋名詞：「主語＋動詞＋名詞＋名詞」
③対象の状態変化（維持）を語る：動詞＋対象＋状態：「主語＋動詞＋名詞＋形容詞／副詞／前置詞句」
④動作を語る：動詞＋**to do / doing**：「主語＋動詞＋ to do / doing」
⑤対象の動作を語る：動詞＋対象＋動詞的要素：「主語＋動詞＋名詞＋to do / do / doing / done」
⑥まとまった内容を語る：動詞＋（名詞）＋ that 節／wh 節：「主語＋動詞＋that 節／名詞（人）＋that 節／名詞（人）＋wh 節」を含むものとする（田中 2008）.

11. 例えば，動詞の語法では，基本動詞を取り上げる.
12. give, have, look, see, take, 等々を取りあげ，動詞の型と結びつけた解説を行う.
13. ここでは，特に名詞を核にした時の前置修飾，後置修飾について名詞に肉付けする形で，また主部を長くしていくという視点から英文を捉える.
14. 具体的には，上で示した通り，名詞を核とした際の前置修飾にどのようなものがあるか気付かせる.
15. さらに，後置修飾として以下のものを提示する.
    ①前置詞句
    ② to do（形容詞的用法）
    ③ doing / done
    ④ like, such as など.
    ⑤関係詞.
16. 特に限定詞のうちの冠詞と数詞の組み合わせについて着目する.
17. 数えられる名詞，数えられない名詞という捉え方ばかりではなく，「冠詞」がつくことによって対象をどう捉えているのか明確にするというところまで進める．また，定冠詞については，「共有感」を持てるかが重要なことになると改めて指示を与える.
18. 共有感には，3つあり，それぞれの使い方に注意させる.
    ①常識で分かる場合.

②指示して分かる場合．

③話の前後から分かる場合．

19. 形式主語として it を使う構文についてまとめて提示する．
20. It is... to... や It ... that... ／さらに It seems that... や It is said that... ／It is ... that [who, which, when]... （強調構文）などをまとめて扱う．
21. 漠然とした対象を指して it を使う．この it は，一般的に時間，天候，距離，明暗などを表すことを取り上げる．
22. 成句を形成する it について触れる．
23. 後置修飾について上の 15. の内容を敷衍する．特に関係詞は情報追加としての働きを再認識できるよう具体例を示す．
24. 形容詞の限定用法と叙述用法を分別する．限定用法は名詞の固まりとして組み込んで，「限定詞＋形容詞＋名詞」という形を意識する（①直接名詞を修飾する意味合いを考える．②叙述用法では，あるモノがどんな性質をもつかという事柄が語られる）．
25. be＋形容詞では，情報展開を引き出す形容詞という側面を見る．例えば，① It＋be＋impossible (difficult, easy, possible) for... to do... ② It＋be＋careless, kind, nice, wise)＋of...＋to do の扱い．
26. 文中でいくつも使える副詞には以下の働きがあるとする．

(1) 「程度」を調整する働きを持つ副詞

①他の語句の程度を調整する（主に単語としての副詞）．

　　例　enough, much, perfectly, really, very
　　　　kind of, a little, rather, slightly

②副詞は主に形容詞を修飾するが，それだけではない．

　　例　副詞を修飾する／名詞（句）を修飾する／前置詞句を修飾する／動詞を修飾する

③副詞は他の語句に関わりを持つだけではなく，副詞自体が情報表示機能を持つことができる（5W1H のうち，who, what を除く when〔時〕，where〔場所〕，why〔理由〕，how〔様態〕などに相当する出来事や取り巻く状況を表すことが可能）．

例　We lived in Britain *for three years.*
　　　When I was a college student, I would often go to the movies.
(2)　副詞（副詞の固まり）は，文頭，文中，文末の3カ所に現れることがあり，意味上，異なる働きをする．

副詞1＋助動詞＋S＋助動詞＋副詞2＋V＋X（変数）＋副詞3

(3)　文頭で用いられ，副詞的働きをする表現
　　例　Honestly speaking（態度），Unfortunately（感情），Clearly（確信），As far as ...be concerned...，Speaking of...（話題の幅），For example，On the other hand，Therefore（論理の展開）
(4)　状況設定の働きを持ち，文の書き出だしとして以下の①～③を用いることがある．
①前置詞句　例　In Japan,...
②その他の副詞的用法には，次のようなものがある．
　　ア時間や場所　イ頻度，様態，道具，付帯状況
　　ウ目的・結果
　　例　*To*（*In order to*）*achieve* the new system...
③動作の連続性を表す分詞構文．
(5)　節の働きをする副詞には次のものがあるとする．
①時，条件，仮定法，理由，目的など．
②様態，程度，比較，譲歩など．
27.　前置詞句を形成する方法に注意する．
28.　否定，疑問，強調，倒置，省略，並列，話法，その他を示す表現方法がある．
29.　名詞の固まりとして，限定詞＋数詞＋形容詞＋名詞＋後置修飾を設定する．
　　左から右への流れ → 線条性で出てきた順番どおりに処理する．
　　①限定詞の種類には，冠詞，代名詞の所有格があります．
　　②数詞には基数，序数があります．
　　③形容詞のポイントとしては，印象的なものに関わる形容詞から属性に関わる形容詞の順に並べます．

④印象的なものに関わる形容詞内の語順としては，主観的，心理的内容を表す形容詞から客観的，知覚的内容を表す形容詞の順にします．
(1)　印象的なものに関わる形容詞＋名詞
　①どのようなものか　②大きさは　③形は　④古さは　⑤色は
　　例　This is a *large red American* car.（自由度がある）
　　　　　名詞の直前の形容詞は吸収されやすい（名詞に寄る傾向がある）．a *big* city / *red* wine / *used* paper / *good old* days
(2)　属性に関わる形容詞（例えば素材や国籍）＋名詞
　　　wooden container / *Japanese* architecture / *Japanese* automaker
(3)　中核となる名詞を正確に捉えるようにします．
(4)　後置修飾には以下のものを考えます．
　　① to do（形容詞的用法）　② doing / done　③形容詞句
　　④副詞句（前置詞句）　⑤関係詞　⑥名詞句（同格）　⑦同格節
　　①から⑦まで順に簡単な働き（意味）を示しますと，次のようにまとめることができます．
・to do：これから〜する
・doing：現にしている行為をつけ足す
・done：すでに何かがなされたことを表す
・形容詞句：後から情報を足していく
・副詞句：場所や時間などを表す
・（前置詞句：空間や時間を表す）
・関係詞：時制を伴う内容をつけ加えることができる → 関係詞
・同格：名詞（句）＋名詞（同格節）の形式をとり，名詞句に他の名詞情報を並列的に並べる表現方法

　ここまで，いくつか後置修飾の種類について示し，それぞれの働き（意味）について簡単に見てきました．ここからは，「**併せてこういうことも考えることが必要である**」という観点から，後置修飾の種類から任意に取り出し，発展学習を付け加えておきます．ここでは，doing を例にとって，これが後置修飾に限らず他にどのような用法を持ち，それらを併せてみるとどのような利点があるのかと

まず，doing は be 動詞と一緒に用いると進行形として使うことができます．次に，(4) 2. で示している通り，doing は名詞の後ろに後置修飾として用いることが可能です．また，動名詞としても doing を使うことができます．この場合，その意味（働き）は，動作の進行を直接表しているのではなく，頭の中の思考やアイディア，考えと言えます．さらに，分詞構文として用いることも可能です．この場合は，意味の曖昧性を持ちながらも，時間や原因・理由，条件，譲歩，付帯状況といった働きを持ち，広範囲に用いることができる便利な表現方法だと言えます．

以上まとめてみますと，後置修飾の doing であれ，その他の構文に含まれる doing であれ，そのまま点的に見ていくだけでは，いつになっても点と点が結びつきません．したがって，doing が持っている本来の姿（働き）を見失うことになります．つまり，点と点が結びつかず，半永久的にそれぞれの「doing を含む構文」としか捉えることができません．

では，どうすれば点と点がうまく結びつき，線となり，doing が本来持っている本質的意味，言い替えれば「**-ing を含む構文に本質的に備わっている意味**」を勝ち取ることができるのでしょうか．

doing を含む構文を一面的に構文ごとに観察するのではなく，doing の共通項（公分母）を獲得するために，複眼的に捉えることができないのか，新たな着眼点を据えて観察することができないのか，考えることが重要になります．つまり，「併せてこういうことも考えることが必要である」という学習態度によって，doing の働きや機能についてより深く理解できるばかりではなく，新たな発見をもたらしてくれるはずです．

以上述べてきましたように，doing を意味横断的に捉えることが重要だと考えられます．その結果，何らかの共通する意味に行き着くはずです．以上の点を踏まえてまとめてみましょう．

  doing ：進行形，現在分詞（後置修飾），動名詞，分詞構文
    → **形が同じならば意味は共通です**（Bolinger 1977）
  進 行 形：現実に起こっている，動きがある．時制が示される・現実の時．

現在分詞：The woman *running* in the rain is (was) my sister.
　　　　　①時間は中立，②現実の進行，③後置修飾
動　名　詞：*Running* in the rain is not good for your health.
　　　　　①現実的な進行ではない．
　　　　　②時間的な制限は受けない（非時間性）．
　　　　　③心の中で描く考えや情景（アイディア化されている）．
　　　　　④進行している → 動作のどこか一部分を切り取っている．
分詞構文：①時間は中立，②現実の進行，③意味のあいまい性
　　　例　1. John is *running* in the rain.
　　　　　2. *Running* in the rain, I bumped into a friend of mine.
　　　　　　Running in the rain, I got a cold.

なお，上の(4)後置修飾①～⑦の例文は，3. 文章構成力についてを参照してください．

（4）指導手順のまとめ

　ここからは，34ページから38ページに表記してある1.から29.までの項目（読み替えた内容）が，33ページの教科書から引用したStep 1～Step 22のどこに当てはまるのか示していきます．これによって，従来の学校英文法に「新しい視点」をどのように組み込んでいけるのか，考えるきっかけとしていただければと思います．さらにもう一歩進めて，手近にある教科書の目次を使って読み替えをしてみてはいかがでしょうか．

```
Step 1：1. 2. 3. 5.
Step 2：1. 2. 4. 6. 7. 8. 9. 10. 11. 12. 27.
Step 3：3. 4. 5. 13. 14. 15. 29.
Step 4：16. 17. 18. 19. 24.
Step 5：19. 20. 21. 22. 25.
Step 6：15. 23. 29.
Step 7：10. 11. 12.
Step 8：11. 12.
Step 9：10. 12.
```

Step 10: 10. 11. 26.
Step 11: 10.
Step 12: 8. 26.
Step 13: 9.
Step 14: 7. 8. 9.
Step 15: 26.
Step 16: 9.
Step 17: 27.
Step 18: 28.
Step 19: 28.
Step 20: 26.
Step 21: 5.
Step 22: 20.

　読み替えた内容を Step に従ってまとめておきましょう．おおよそ以下のようになります．

　Step 1 〜 Step 22 の連関を考慮しつつ，Step 1 から Step 2 においては英文構成の全体像を示し，徐々に部分に目を転じていく方法をとっています．Step 3 から Step 6 については，主部の中の主語（名詞）と主部の拡大について見ていくことにします．その中で，主語（名詞）の前につく形容詞，数詞，限定詞（冠詞，指示詞，所有格，all / some / any / no / each / both / either / neither などがある）に着目しましょう．また，主語（名詞）の説明として後に続く，前置詞句，不定詞の形容詞的用法，現在分詞・過去分詞，関係代名詞，関係副詞を意識し，名詞の固まりについて学習しましょう．

　次に Step 7 から Step 10 では述部に転じて見ていきます．その中でも重要な働きをする動詞に着目していくことにします．「使う動詞の意味によってその後に続く型が決まる」を前提に動詞の語法に迫りましょう．ここでは，動詞の後には名詞，形容詞，副詞，前置詞句，不定詞，動名詞，that 節（if 節），wh- 節，また S + V のあとに名詞 + 名詞，名詞 + 形容詞，名詞 + 原形不定詞，名詞 + 動名詞，特に be 動詞のあとには，名詞，形容詞，副詞，前置詞句，that 節が使われることに気づかなくてはいけません．これらの現象を捉えることで動詞の構文タイプを見ていくこととなります．

この後，Step 11 から Step 16 では，動詞の形に直接関わる現在，過去の時制，未来表現をはじめとし，完了形，助動詞，仮定法，受動態を学び，動詞のテンス（**時制**）とアスペクト（**相**＝動詞の意味が表す動作や状態の様子：進行なのか，完了なのかなど）について学習することになります．これに話し手の心的態度を表す**法**（叙法），直接法，仮定法，命令法，祈願法を含むものとします．

　次の Step 17 から Step 22 においては，疑問文，否定（表現）などをはじめ，特殊な文体を持つ話法や比較を念頭に置くことが必要です．さらにまた，and や but，if や when といった基本的な接続詞や，何かがある場所に存在するといった，There is / are... などで表現される特別な構文や It is / was ＋強調したい語句＋that... で表現される強調構文にも注意を払う必要があります．

　上のようなステップを踏んでいく場合，一例を挙げれば，主部，そしてその中の核となる名詞の捉え方については，単語レベル，つまり名詞（代名詞）が一個の場合には容易に英語に転換できます．しかし，単語レベルから徐々に2語，3語と新たな情報が加わることで英文編成を行う際の難易度が高くなっていくと想像できます．例えば，Two large, colorful butterflies are also flying around them. や The opera house in the center of the city is brand-new. の場合，正答率は低くなるでしょう．さらに，I once met a man who was traveling around the world by bicycle. He showed me a book which he was reading. The hotel where I stayed was very nice. などの関係詞を使った場合にはさらに正答率が低くなったりするかも知れません．これらの予想される現象には，日本文では名詞の前に情報を足していくといった前置修飾や語順の柔軟性にその要因があると言えます．いきおい英語の名詞の前や，名詞の後に情報を足していくことに十分対応できない様子が目に浮かびます．

　また，動詞の形が表す時間（時制）と動詞の意味が表す動作や状態の有り様や様子（相）の組み合わせについて言えば，現在単純形（相），過去単純形（相）では，比較的容易に英語に転換できるものの，進行相，完了相さらには完了進行相が現れると難しさが増してくると考えられます．さらに受身，助動詞などの要素がこれに加わると，英語にうまく転換できない傾向がよりいっそう強くなっていくと考えられます．

　このように動詞情報（動詞チャンク）の生成となると，動詞構文が複雑になる

につれ（S＋V＋C / S＋V＋O → S＋V＋O＋O → S＋V＋O＋C），次第に難易度が高くなります．これらの点についても，**母語干渉**が大きく影響していくものと考えられます．

　今述べた状況を打破するためにも，上の Step 1 ～ Step 6 において，主部，述部の認識から始め，次第に部分を見ていく場面では，特に名詞の固まりという視点から授業を進めていく必要があります．名詞の前後に焦点を当てて，名詞の固まりの組み立て方を徹底していくと良いと思います．その結果，語順にも目配りができるようになり，名詞を中心とした英語の固まりが書けるようになります．

　Step 7 ～ Step 10 においては，動詞に続く動詞の構文タイプについて，一つ一つの英文を示しながら，学習を進めていくのが望ましいでしょう．学習を進める過程で帰納的に5文型について導き出すようにしていきます．その結果，第1文型から第4文型までは比較的理解が進むものと考えられます．第5文型については，目的語と補語の関係がうまく結びつかない人がいるかも知れません．

> ここで扱った内容
>
> ＊英文法の授業展開はどうする
> ＊産物としての英文法を「英文法を使いこなす」という視点からどう捉え直すのか
> ＊「学校英文法」から全体像を見据えた新しい文法へ
> ＊英文法で何を教えるのか（現行の指導要領のもとで行われているライティングの授業実践に英文法の「新しい視点」をどう加えるのか）

2　語彙力について

　ではここからより具体的な各論に入ります．まずは単語を中心に見ていきます．

　語彙力は単語力の総体としての意味を表しています．ライティングを進める上でも語彙力は文字通り大きな力を発揮しています．単語の集大成としての語彙力

がさまざまな豊かな表現を産み出しているのは事実です．微妙な言葉のニュアンスも時として言語学習の楽しみでもあります．

そこでここでは，一つ一つの単語に焦点を当ててみるとどんなことがうかがい知れるのか見ていきたいと思います．まずは単語には単語の文法があるという点に着目していきましょう．

(1) 単語の文法を知ろう

遅くなりましたが，まずここで「文法」の定義をしておきましょう．ごく簡単にいえば，文法は「一言語が有する文の構造」という意味です．あるいは，「語と語を配列するときのルール」と言えるでしょう．また，文法書に書いてある「言葉に関する約束事・ルール」として考えることもできます．いずれにせよ，文法は**「一つの言語を構成する語・句・文などの形態・機能・解釈やそれらに加えられる操作についての規則」**ということになるでしょうか（『広辞苑』第五版より）．

でも考えてみますと，単語の文法とあるように「単語に文法があるなんて，そんなことが一体あるの？」という声が聞こえてきそうです．しかし実は，単語にも立派な文法があるのです．この後，基本動詞の have の例を参考までに取り上げますが，やはり単語に文法があると実感していただけるものと信じています．そして単語の文法を考えることが英語の作文力やコミュニケーション力を身につけていく時の一つの大きな推進力となるからです．何度も言いますが，**文法は英語を書いたり，話したりすることと深く結びついていて英文編成力をはじめとする**コミュニケーションの基盤となるものです．

語彙文法

ここで述べている「単語の文法」は専門的には，**語彙文法（lexical grammar）**と呼ばれています．つまり，**語彙にも文法的情報が含まれている**ということになります．したがって，語彙と文法は相互に依存しているとも言えます．

では have の例を見てみましょう．いままで，私たちは have を第一義的に「何かを持っている，所有している」と覚えてきました．例えば I **have** a book. I **have** two sisters. がその例です．そして病状を表す場合にも I **have** a cold. のように have を使ってきました．でも，さらに学習が進むと，I **have** finished my homework. Be careful not to **have** your bag stolen on the train. I **have** my hair cut by him every month. といったように have を含む用例が増えていきます．

　問題は，いままで私たちはこういう用例を一つ一つ記憶する学習をしてきたという点です．つまり，上の例に見られるように「所有」「完了」「使役」「被害」「受益」などと，それぞれ別個のものとして用例に説明をつけて覚えてきたのです．

　こうした蓄積を私たちは文法知識として身につけていると思っているわけです．しかし，どうでしょうか．こうした知識を持つことが，have そのものを理解していることになるのでしょうか．また，バラバラの用法が有機的にうまく結びついているでしょうか．もっと言えば，所有の have と現在完了形の have の間には何も関連がないのでしょうか．また使役や被害を表す have と所有の have の間には何の関連もないのでしょうか．こうした関連性（networking）を考えていくことが，**語彙文法**（lexical grammar）です．つまりそれは，have の中核的な意味（ちょうどそれは円錐を真上から見た姿をイメージすればよいと思います）を考えていくことを前提条件としています．さらに言い換えれば，文脈に依存しない意味を追究していくことになります．そしてこのことが，真の意味で単語の文法を知ることに繋がっていきます．

　では，上の波線部分の答えはどうなるのでしょうか．

　従来の文法学習のように，個々の単語の持っている訳語を暗記するのではなく，have なら have の底流を流れている文脈に左右されない意味であるところのいわば公分母（common denominator）を見つけることによって理解することが重要だと考えます．それは，have においては**所有，経験空間に何かを持つ**という意味になります（E-Gate 英和辞典　2003）．

　（なお，「**文脈に依存しない意味**」については次の項目を参照してください．）

　しかし，考えてみますと，私たちはネイティブの言語話者が持ち合わせているある種の「直感」としてのこうした（語彙）文法を持っていません．ですから，私たちは，上のような単語の意味が分からないだけではなく，直感的に正しい語順で言葉を発することは残念ながら容易にはできません．たとえ言葉を数語発声

できたしても，あるいは書けたとしても，意味のある言葉として伝えられるかどうか，その保証はありません．

悲しい話ですが，これは事実です．しかし，これを克服する方法が無いわけではありません．それは，母語（ここでは仮に英語とします）としている人たちが彼らの外界（外の世界），内界（心の中の世界）をどのように捉え，それらを英語という言葉を使ってどのように言語化しているかという認知過程を研究することによって可能となります．つまり，人の**知覚・記憶・思考**など，**ものごとを知る認知過程**を追究することです．言い換えれば，彼らの英語に関する世界観を探ることによって，なんらかの手掛かりを得ることが可能となるのです．そしてこの言語に関する世界観を探る研究分野を学習英文法に応用したのが，1つのアプローチとしての**認知文法**なのです．

今まで言語そのものを追究してきた構造主義的発想から，言語は人が使う言葉であるという立場にスポットライトを当てているのが**認知言語学**と呼ばれている分野です．→ 25頁「構造言語学 vs. 認知言語学」を参照のこと．

前にも触れましたが，ここで用いている**認知**とは，私たち人が持っている外界や内界についての捉え方と言えるでしょう．少し難しくなりますが，次のように考えてもよいと思います．「1つの事態に対して異なる視点や立場から捉え，異なる意味づけ・価値づけができるという能力は，大変重要な認知能力の1つである．そしてこれは言語表現の基盤を成す」（籾山 2010）．そしてこれに基づき，言葉について追究していくことが**認知言語学**だと言えます．

文脈に依存しない意味

個々の単語をつきつめていくとどうなるのか，さらに make の例で見ていくことにしましょう．

私はかつてある研究会に所属していました．「コア研」と呼ばれていて，英語教育を取り巻くさまざまな問題点を検討し，英語の基本動詞についてその文脈に依存しない意味とは何かについて探っていました．特に基本動詞の研究では，ふだん何気なく使っている have や make，また be や come，see, take といった**基本動詞の文脈に依存しない意味や機能**について研究や議論をするなかで，英語母語話者がこれらの基本動詞に対してどのような世界観を持っているのか追究し

ていました．その中でも，make については大変興味深く思いました．

「make」の文脈に依存しない意味を考える

　一般的に，make は「〜を作る」と中学生は習います．私もそれでよいと最初は思っていました．しかし，「〜を作る」が，時として使役動詞の「〜させる」という意味を持っていることをやがて知ることになります．さらに，ある時 make が it を伴い「〜に間に合う」や「〜に成功する」という慣用的ともいえる意味を持ったり，さらにまた「〜の状態を作り出す」「〜にする」「〜になる」という意味を持ったりと，ほんの少しだけ挙げてもきりがありません．また，名詞を考えると，中学校・高等学校レベルでは make の名詞といえば makeup〔化粧（品）〕が挙げられるでしょうか．

　次は私がよく使っている『英辞郎』（2010）から make の意味を引用したものです（一部省略があります）．

　　【名-1】作ること［工程］，製造（過程）
　　・English pages are in the make and will be up soon. 英語の（Web）ページは作成中で間もなくアップ（ロード）されます．
　　【名-2】〔製造物の〕型（式），スタイル
　　・Does anybody know the make of the getaway car? 誰か逃走車の型式を知らないか．
　　【名-3】〔工場などの〕生産量
　　・The monthly make of iron exceeds 600 tons. 鉄の一カ月の生産量は 600 トンを超える．
　　【名-4】〈文〉〔人の〕タイプ，性格
　　・I wonder what make of woman your mother was. あなたのお母さんはどんなタイプの女性だったのだろう．
　　【名-5】〈俗〉〔警察が行う〕身元確認
　　・We got the make on the vic. 被害者の身元が割れた．
　　【自動-1】急いで進む，素早く動く［移動する］，（道が）走る［伸びる］，向かう◆【用法】make for [toward]
　　・We made for the river. 私たちは川へ向かった．
　　【自動-2】〔潮が〕満ちる◆【用法】通例進行形
　　【自動-3】〜しようとする◆【用法】make to do

【自動-4】〜するふりをする◆【用法】make as if [though] + 直説法・仮定法
【自動-5】物まね［形態模写］をする◆【用法】make like
・He sometimes makes like a lion and roars. 彼は時々ライオンのまねをしてほえます.
【自動-6】〜の状態になる◆【用法】make + 形容詞
・We must make ready for a long, cold winter. 長くて寒い冬の準備をしなくてはならない.
【自動-7】〔物が〕〜に行える◆【用法】make + 様態の副詞
　（中略）
【他動-10】〔金などを〕稼ぐ
・How much do you think he makes? 彼はどのくらい稼いでいると思いますか.
【他動-1】〜を作る，構成する
・That makes two of us. それは我々二人に言えることだ. ／そのことは私自身についても言える. ／私も同じ［同感］だ.
【他動-2】〜の状態を作り出す，〜にする，〜になる
・Five and three makes eight. 5と3を足すと8になる.
・She will make a good teacher. 彼女はいい先生になる.
・Sixty seconds make a minute. 1分は60秒です.
・You two make a good team. あなたたち二人はいいコンビだねえ.
・That would make a nice wallpaper. 壁紙にしたらすてきだね. ◆絵など.
【他動-3】（人）を〜の状態にする，（人）に〜させる◆やりたくないことを強制的にさせる場合が多い
・Don't make me do this. こんなこと私にやらせないで.
・Don't make me feel bad. 気分を悪くさせないで.
・He made me do bad things. 彼は私に悪いことをさせた.
・What makes you think so? 何でそう思うの？◆【直訳】何があなたをそう考えさせるのか？
・You going to make me? どうしても私にやらせるつもりですか？◆ me の後に do 〜が省略されている
【他動-4】〜を引き起こす
【他動-5】〜を行う
【他動-6】〜と思う
【他動-7】〜に達する
【他動-8】〜を作り上げる，〜に成功する，〜がうまくいく，もたらす
【他動-9】〜に間に合う
【＠】メイク，【変化】《動》makes | making | made

　　　　　　　　　出典：英辞郎 Ver. 118（2009年12月2日版）

ざっと見ていただきましたが，いかがでしたか．これを全部覚えるとなると

大変時間がかかりますね．私の学生時代には一つ一つ覚えるしかありませんでした．全部とはいわず，頻度数の大きいものから覚えていったと思いますが，それでもかなり大変な労力が必要だったわけです．

しかし，haveの例でも扱ってきたようにmakeの文脈に依存しない意味を考えることでそれは解決するのです．

まず，makeに「ある材料があって，それを使って何かを作る，作り上げる」という文脈に依存しない意味を設定してみます．これは文字通り，ある材料を使いケーキを作ることや，石や金属を使って硬貨を作るといったできあがりまでの経過・変化を言い表しているといえます．このことから，その根底にはある種の材料からある物が出来上がるまでの「変化」の様子が感じ取れるはずです．さらにこれを突き進めていくと，使役動詞の「〜させる」は，makeの何とかして何かを作るという観点から言えば強制力を伴うこともできると考えられます．また，さらにこの観点を広げていくと，物事のある段階における変容を表すこともできます．

さらに，次の例はどうでしょうか．He **made** her happy. She will **make** a good wife. Three plus (and) six **make**(s) nine. これらにおいても，ともにmakeの持っている「元の形（材料）から出来上がっていくまでへの変化，変容（出来上がったもの）」を表しているわけです．このように文脈に依存しない意味から，makeがぐっと身近なものと感じられ，一つ一つ暗記するという感覚から解放されると言えます．

ここで扱った内容

＊同一の動詞のいくつかの用法間に見られる関連性を考えていくことが，単語の文法（語彙文法）の大きな目的です．それは，例えばhaveの文脈に依存しない意味を考えていくことを前提条件としています．そしてこのことが，真の意味で文法を知ることに繋がり，英文を書いていく，話していくといったときの英文編成能力の養成に繋がっていく．

＊語彙文法を知ることが，動詞や形容詞，副詞といった使い方の幅を広げることに結びついていく．

＊文脈に依存しない意味を捉える．

（2） 単語の意味を知ろう（意味はどこにあるのか）

　用例を分類して，語義をいくつか定め，日本語を当て，その後に訳語や用例を配置して記述してあるのが英和辞典です．その英和辞典を使ってある単語を引いたとしましょう．そこに書いてある訳語を全部覚えれば単語の意味を学んだことに果たしてなるのでしょうか．しかも実際にそこに載っているのは**単語の意味ではなく単語の説明**だとすればどうでしょうか．多くの辞書の場合，例えば上のmakeの例で示しましたが，訳語を与え，用例を列挙していくというものでした．

　結局のところ，**このままでは「make」の意味はいったい何かという問題に逆戻りしてしまう**ことになってしまいます．では，本来理解すべき単語の意味をどのようにすれば理解が可能となるのでしょうか．

　そこで，次の点を再度，考えてみることが重要です．ここで必要なことは，最終的な目標として可能な限りそれぞれの**単語の文脈に依存しない意味や機能を追究する**ことが重要であるという点でした．特に基本動詞や形容詞，副詞，前置詞について，それぞれの文脈に依存しない意味の追究が必要だと提案してきましたのも，そのような背景があったからでした．

　繰り返しになりますが，従来の辞書に見られるように，その意味記述は，用法で分類しています．そしてその分類ごとに日本語の訳語を付けていくというものです．そして，その多くは，1つの英単語に複数の日本語の訳語が記述されることになります．悪いことに，英語の単語と日本語の訳語の意味が完全に対応することはほとんどありません．その結果，単語の本来の意味がますます掴みづらくなってしまします．さらに語義の展開が分断される可能性が大きくなります．仮にこのような事態が生じるとすれば，どのようなことが起こるのかもうお分かりでしょう．単語の意味は辞書に「語義として示されているが」，読者にとっては「意味の全体像がぼやけてしまって」，結果的に意味情報が拡散してしまう，という感が拭いきれなくなってしまうでしょう．

　まずは，議論の締めくくりとして以下のいくつかの関連事項について，従来どのような切り取り方をしてきたのか振り返っておきましょう．その上で，これまでの論点を絞り込み，どう上の単語の意味に対応すればよいのか考えていきましょう．

単語の多義性

　英語の辞書を引くと使用頻度順に多い方から少ない方へと語義が分類されていると先に述べたとおりです．その意味記述は，頻度順に多く用いられる意味から派生的な意味へと記述が展開されることが多いといえます．ところが「単語の文法」のところでも述べましたが，一般的に語義の記述は上記の体裁を取りながらも，単に語義を列挙していくという形をとっています．ここで問題となるのは，上のように単なる語義の連なりと考えてしまうと意味の連関が考えにくく，興味が半減してしまうことです．それに，**単語の多義性**のみを追うことでは，前述の限りなく文脈に依存しない語義を手に入れることができない点です．では，より興味深く単語の意味を捉えることができるためにはどうすれば良いのでしょうか．

　例えば，see の場合で見ていきましょう．see の基本的な意味合いとしては「モノが見える」といった目そのものの本来的な機能を表しているといえます．この後，基本的な意味から派生的な意味へと際限なく意味の広がりを見せていくことになります．

　その意味変化の度合いは基本的な意味合いから離れていき，徐々に変化を遂げていくことになります．抽象度が次第に増してくる傾向があります．see の場合，本来目が持っている，「モノが見える」から「〜を理解する」や「〜が分かる」へと意味変化が生じます．これはやや抽象的に意味が転じていくと考えざるを得ません．いわば目としての働く機能の「見える」から心の目からモノを見るということでしょうか．しかし，このままでは，やはり抽象度は増すばかりで，文脈に依存しない意味を正しく掴むことができないことになってしまいます．例文で見てみましょう．

　　I can **see** Tokyo Tower from here.
　　I **saw** a tall man running away.
　　I **see** what you mean.
　　I will **see** what we can do for you.
　　I'll **see** you home.

　文脈に依存しない意味の追究が必要な点は先に述べました．ここで，文脈に依

存しない語義を求めようとすれば，文脈に依存している語義の部分を削ぎ落としていくことになります．その結果，次のように考えられるでしょう．「目でとらえる」または，「目で見るように頭でとらえる」とすれば理解しやすくなるのではないでしょうか（E-Gate 英和辞典 2003）．

単語の意味拡張

　ここまで語彙学習の1つの学習形態として，語彙文法に着目する方法を提案してきました．具体的には，「文脈に依存しない意味」を求める過程で have, make, see などの基本動詞についていくつか提案を試みてきました．

　そこで，ここではもう一つ別の側面である語彙の意味拡張について前置詞を題材にして見ていき，その多くが比喩表現としても用いられる点に焦点を当てて見ていきましょう．

　私たちが日常的に用いる単語の意味は，常に意味変化をしていると考えられます．特に，比喩表現として用いられることによって大きく元の意味から次第に抽象的な意味へと変化を遂げていきます．つまり限られた単語を有益に使おうという意図が働くのだと思われます．

　前置詞 in の場合を見ていきましょう．in は空間を意味しています．入れ物のイメージでしょうか．例えば，次のような例文を考えてみましょう．

1. My parents live in Tokyo.
2. He works in a kindergarten after his graduation from college.
3. I'll be there in a minute.
4. We can ski and skate in winter.
5. They are walking in the rain.
6. She fell in love with him when she was just sweet sixteen.
7. He was in trouble when he became bankrupt.

　1. 2. は in の基本的な使い方で，物理的な空間内を表しています．3. 4. は時間を空間として見立てています．ところが 5. ではどうでしょうか．少し抽象度が増していると思われます．しかし今歩いている所を1つの空間と捉えているとすれば理解できます．6. 7. ではさらに抽象度が増していると言えます．2例とも感情といった抽象的な空間の中にいると捉えれば十分理解できます．いかが

でしょうか．このような意味変化を一般的には意味拡張と呼んでいるわけです．
　しかしながら，ここでの主張は単なる意味拡張として in を捉えるだけではなく，もう一歩進めた文脈に依存しない意味を考えようというのが目的です．すなわち前置詞 in の文脈に依存しない意味を考えようというものです．つまりそれは，次のように考えることです．
　in の文脈に依存しない意味は，「空間内に」で，おおよそ次の3つ，①物理的空間内，②抽象的空間内，③時間的空間内の捉え方が可能です（E-Gate 英和辞典 2003）．

「視点」によって異なる単語

　本節では，もう一つ重要な点として，異なる単語の使用例について述べていきます．
　ここでは私たちの「視点」の置き方によってさまざまな単語の姿が見えてくる可能性があるという点について述べていきます．
　come と **go** の例を取り上げてみましょう．
　単語の意味組成を一方向的に捉えると全体的によく見えないことがあります．例えば，話し手に何かが近づいてくれば come が使われます．つまり，話し手や聞き手のいる方向へ移動することを意味しています．逆に話し手を中心に据えてそこから何かが離れていくのであれば go が使われます．つまり，話し手や聞き手とは別の場所への移動することになります．このことは視点をどこに置くかによってものの見方が大きく変化してくることを物語っています．
　以上をまとめますと，come は「視点のあるところに移動する」となり，go は「視点が置かれているところから離れていく」とまとめることができます．それぞれの立ち位置から話題の中心となっている所へシフトさせていると言えます．
　次の対話文を読んで今述べたことを実感してみましょう．
　A: Dinner is ready!（A voice can be heard from downstairs.）
　B: All right, Mom. I'm *coming*!（going downstairs）

　ここで多くの場合，B の返答は I'm going.（これから出かけてきます）ではなく I'm coming.（今行きます）となることが考えられます．なぜならば，対話文

に登場する相手方（ここでは母親）に視点を置くことによって，つまり話題の中心となっているところへ心理的にシフトさせるために come を用いています．このことによって，「今これからそちらに向かいますよ」という意味を表すことができるからです．しかし，「これから出かけてきます」という意味で I'm going. と言うのであればそれはそれで意味を持つ言い方になります．

　繰り返しになりますが，go は話し手から離れていく，come は話し手の方へ近づくと捉えれば間違うことはありません．

　次の言い方はどうでしょうか．野球の実況中継でよく聞かれる内容です．come との違いに注意して見てみましょう．

　The bases are loaded. Now here comes the pitch!
　The ball is *going, going, going*. It's *gone*! Home run!

　どうでしょうか．見事に go の特徴が十分生かされた表現ですね．ボールがバッターの元からどんどん離れていく様が表現できていますね．よく味わってみてください．ちなみに **gone** は過去分詞ですから「〜された」の意味を持ち，全体としては「入りました」となります．つまりホームランを意味しています．

　さらに次の記事の見出しを見てください．特に下線部に注目して見てください．見出しの意味は「フィットネスブームは現れては消えるが（浮き沈みが激しいが），スイスボールは普及している」といった感じになるでしょうか．

Fitness Fads Come And Go, But The Swiss Ball Is Here To Stay
出典 http://umanitoba.fitdv.com/new/articles/article.php?artid=771
平成24年6月3日（日）

　come の「視点のあるところからこちらにやってくる（移動する）」という意味内容と go の「視点の置かれているところから離れていく」様子が的確に表現されていると言えるでしょう．このように「視点」を取り入れることによってうまく使えるようになります．

　もう一つ例を取り上げましょう．それは副詞 **out**（外に）です．これは視点の置き方によって意味が変わってくることがあるという話です．まずは入れ物をイメージしてください．その後，その入れ物から何かが外へ移動すると想定してく

ださい．もし入れ物の内側に視点があれば，その意味は何かが外へ「出て行く」となります．外側に視点があれば，何かが「出て来る」となります．視点の置き方によって変わることがお分かりでしょうか．

　では，例文で確認しておきましょう．

視点が入れ物の内側にある場合

　Many office workers eat **out** during their lunch break.

　Our boss is **out** at the moment. May I take a message?

　My parents often go **out** for a walk.

　My wife threw **out** my books and old records.

視点が入れ物の外側にある場合

　Flowers in Tohoku district all come **out** in spring.

　以上ここまで，「単語の意味」が奏でるさまざまな言語的現象面を見てきました．**意味拡張**による「意味の多義性」，そして単語の使用を考える上での「視点」についても見てきました．総じて言えば，どれもこれも英語を理解するための重要な着眼点を示していると考えています．これらの事柄が今後の議論のきっかけとなることを願っています．

　さらに，上で論述しましたように，「文脈に依存しない語義を捉える」や「視点」といったことを考慮することで，今まで以上に英語学習の効率化を図ることができ，意味の世界の「部分」から「全体」へといった，新たな鳥瞰図を掴むことができるとしたらいかがなものでしょうか．是非，実際に上の例文を通してその点を確認してください．

ここで扱った内容

＊単語の多義性
＊単語の意味拡張
＊「視点」によって異なる単語

（3） 単語の語法を知ろう

次に単語の語法について触れます．

ここではあらゆる場面に当てはまる普遍的なルールである「文法」と区別して**「語法」**という呼び方を使っています．つまり「単語の語法」とは，ある特定の基本単語のみに通用する特別な文法的使用法と言えるでしょう．

中学校では品詞や文の規則といった「文法」を主に勉強してきました．それに対して高校では，上で定義している文法もさることながら，それにも増して文の構造（構文）や，動詞や名詞といった個々の単語の使い方を意味する語法について勉強することになると言えます．

例えば，動詞 make はどのように使えばよいのかがそれに当たります．make の後には名詞をつけるのがよいのかや，あるいは名詞と形容詞をつけるのかがよいのかを考えることが，語法を考えることになります．また，語句（熟語や連語）についても，文中でどのように使うかが語法を考えることになります．例えば，every day は文中では一般的に副詞句として使われるというのが，every day の語法ということになります．そこで，ここでは名詞の語法という観点から，大変難しいとされている冠詞の働きを中心に見ていきます．

冠詞の働きに注意！

英語学習で冠詞ほど難しいものは他にないとよく言われます．単に a / an, the, 無冠詞（φ＋名詞）といった分類だけではよく理解できません．それらの背景にある原理・原則を理解しなくてはいけません．

よく参考図書に冠詞を用いた用例集がありますが，これだけでは冠詞を分類しているだけで，冠詞の働きを直接的に理解することができないと考えられます．ただ膨大な情報量に接し，そこから冠詞の本来のあるべき姿を帰納的に導きだすだけでは不十分です．なぜならば，効率が悪く時間がかかりすぎるからです．膨大な情報量をこなすだけでは，核になる部分がなかなか見えてこないからです．もっと積極的に最新の言語学の知見を活用していかなくてはいけません．

ここでは特に認知言語学の知見に基づいて冠詞について考えていきたいと思います．そのことで私達は何らかのヒントを得られるからです．それに，冠詞について考えていくことが，英語を母語としている人が，どのようにモノ（名詞）

を捉えているのかを解き明かしてくれるからです.

冠詞の働きと役割

　冠詞の働きは,数えられる名詞の前につけるという単純なものではありません.それに昔から言われているように,**名詞の前には冠詞をつける**という考え方も考え直さなければいけません.名詞があるから冠詞ではなく,名詞の前に冠詞をつけるかつけないかが重要な意味を持つのです.なぜならば,冠詞をつけることで,次に来る名詞をどのように捉えているかが分かり,その名詞の意味を決定づけるからです.名詞に a(n) をつけるのか,the をつけるのか,また無冠詞なのかによって意味が定まるからです.例えば次の例はどうでしょうか.

　① I want to buy *a* digital camera.
　② I want to buy *the* digital camera.

　①は,デジタルカメラの集合の内,任意にどれか1つを取り出して言っています.それに対して②は,the がつくことで何か特別なデジタルカメラを意図しています.前々から購入したいと思っていたあのデジタルカメラのことだという意味合いで言っているかも知れません.また,話し手と聞き手の間でどういったデジタルカメラかが,すでに分かっている場合にこうした言い方になることもあります.つまり,*the* digital camera と言うことで情報が共有されていることが分かります.

　③ *The* earth goes around *the* sun.
　④ Look at *the* sports car across the road.
　⑤ I go to *school* by *train*.
　⑥ I went to *bed* at nine o'clock last night.
　⑦ There is no *room* for improvement.

　③はどうでしょうか.定冠詞の the が使われています.これはどういうことでしょうか.話し手や聞き手にとって常識的にそれと分かる場合はこのように the をつけて表します.地球も太陽も常識でそれと分かるからでしょう.他に *the* sea, *the* sky や *the* police なども常識的にそれと分かり,お互いに情報を共有できていると言えるからです.

　同じ the でも④の例文（道路を横切ったところに一台スポーツカーがありま

す）はいかがでしょうか．同じように定冠詞が使われています．これは，何か指で指し示すような感じで聞き手の注意や関心をある方向に誘導しています．そのことでそれがスポーツカーであることが話の聞き手にも認識が可能となります．つまり，その結果，話し手が発した情報を聞き手も理解でき，そのスポーツカーを特定できるからです（田中　2008）．

ゼロ冠詞

　逆に⑤，⑥，⑦の用例はどうでしょうか．どれにも冠詞がありません．これは無冠詞と言われる場合で，何も冠詞がつきません．別名**ゼロ冠詞（φ＋名詞）**とも呼ばれることがあります．どうしてこうなるのか考えてみましょう．

　上で挙げた例文中の school, train, bed, room などは，このような場合，具体的な物を表しているのではなく，形として捉えにくい，抽象的な意味合いを表しているのです．したがって，冠詞は必要でなくなり，ゼロ冠詞を用いることになります．これも人が対象をどのように捉えているかの現れだと考えられます．つまり，そこにはつかみ所のないモノに対する，使う人の意識がきちんと働いていることになります．

ここで扱った内容

＊冠詞の原理・原則
＊ゼロ冠詞の考え方

3　文章構成力について

（1）チャンクとチャンキング—チャンクの世界をどう捉え結びつけるのか—

　さて，ここからは本格的に文章を造り上げていく際に，その屋台骨となる文章構成力とは何かについて詳しく見ていくことにします．以下，英文構成を進めていく過程で用いる用語について説明をしておきましょう．まず，英文の構成要素でもある一つ一つの意味の固まり（言語情報）を**チャンク（chunk）**として捉え

ます．そして，次に数個のチャンクを分類し，まとめていくことを**チャンキング**（chunking）として捉えます．そしてチャンキングという手続きを経ながら，英文を創出していくことになります．

　言い替えれば，ある文章を紡ぎ出していくための構成要素の一つ一つをチャンクという単位で呼んでいるわけです．まずはチャンクを1単位として捉え，次に各々のチャンクを縦横に結びつけていくとします．その結果，その一連の過程が英文構成力（チャンクキング）に当たると考えられます．そこでここでは，代表的なチャンクとして3つを取り上げ，それらが自由闊達に組合わさり，最終的に文章を構成していく様子を見ていきたいと思います．まず手始めに，身の回りの事物や事態を私たちは言語を用いてどのように捉えているのか見ていきましょう．

　私達の周囲には数え切れないほどの事物が存在し，それらのすべてに名前がついています．まさしくすばらしき名詞の世界だと言えます（**モノの世界**）．次に，この世界を彩る名詞の世界を軽やかにそして確実に**コトの世界**に導くのが動詞の世界です．動詞の世界を視野に入れることで人類は多くの「何がどうする」や「何がどうした」の世界観を手にしたのです．そして，3番目にこうした名詞と動詞が織りなす華やかな世界に，意味の強弱や色彩や味を示す副詞，時や場所，あるいは理由，目的・結果などのさらなる意味合いを添えることで，隠し味としての色合いを引き出す働きをする副詞の世界を創り出したのです．そしてこれらの3つを，英語を表現する立場からいえば，それぞれを**名詞チャンク，動詞チャンク，副詞チャンク**と呼ぶことができます．ここでのチャンクは，意味の固まりのことで，それらを集合体として捉えることで，英文を構成していくことができます．

　そして上でも述べましたように，これらの3つのチャンクをうまく繋げること（＝チャンキング）で，英語の表現活動に積極的に臨むことが可能になります．

　ここまでで重要なことは，英文法の全体像を身につけるためには，名詞チャンク，動詞チャンク，副詞チャンクの作り方とそれぞれのチャンクを繋げていくためのチャンキングの仕方を学習していくというのが必要になるという点です（田中 2008 を参照のこと）．

そこで，本書の一番のねらい目である文章構成力を考える上で，指導および学習する立場からその前提となるのは何か，以下の4つの点を設定しておきましょう．

1. 英文を形成するときの「部分から全体へ」という視点を常に持ち続けましょう．例えば，中1～中3，または高1～高3の3年間，もしくは中・高の両方を合わせた6年間を通して，have, be, -ing のそれぞれを使用するときの連関をうまく取るようにしましょう（例えば所有を表す have, 現在完了形の have, 使役を表す have に見られる連関は何か）．
2. 助動詞は動詞チャンクの一部として，形容詞は名詞・副詞チャンクの一部として，前置詞（句）は副詞チャンクの一部として捉えましょう．
3. 文法項目間の連関に十分な注意を払い，それぞれがうまく結びつくように指導形態を考えましょう．
4. 使いこなせるレベルにするための方策を考えましょう．

名詞チャンク

ここでは名詞（モノ）を中心としたチャンキングを考えていきます．特に名詞の前に置く形容詞，数詞，限定詞について扱います．

以下に名詞チャンクの全体像を示しますので参照しながら見ていきましょう．

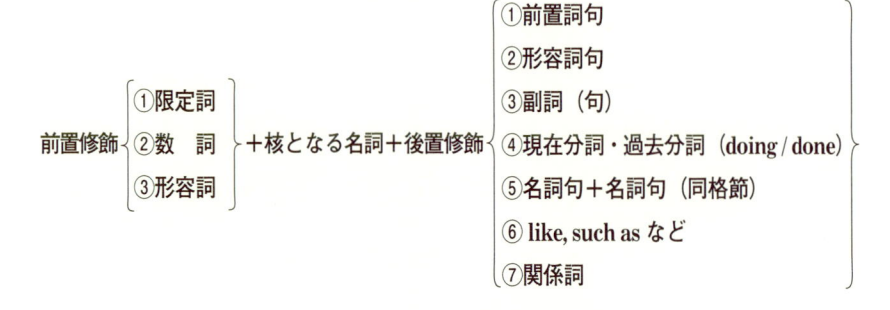

前置修飾 { ①限定詞 / ②数　詞 / ③形容詞 } ＋核となる名詞＋後置修飾 { ①前置詞句 / ②形容詞句 / ③副詞（句）/ ④現在分詞・過去分詞（doing / done）/ ⑤名詞句＋名詞句（同格節）/ ⑥ like, such as など / ⑦関係詞 }

上で示しているように，名詞チャンクの前置修飾は以下の3つに分類できます．名詞が単独で用いられる場合は，①の限定詞のうちから必ず1つ選んで用います．限定詞にはいくつかありますので注意が必要です．名詞との組み合わせを考えた場合，まずは冠詞 a/an, the, φ（ゼロ冠詞）が必要となります．次に指示詞

this や that，所有格 my, our, their 等が挙げられます．さらには，each, every, neither, many, more, most, less などがあります．通常，限定詞は名詞の前に一個必要ですが，中には限定詞を使わない名詞（φ＋名詞）や名詞 -s がありますので注意が必要です．

　数を表す場合は限定詞の次に，②の数詞を付けます．数詞には基数と序数がありますが，同時に2つを序数＋基数の順で使用することも可能です．

　Let me meet the first two groups.
（最初の 2 グループから会います）

　そして名詞がどういう状態にあるのか表す場合，③の形容詞が必要となります．形容詞は複数用いられる場合がありますが，名詞から遠くになるにつれて意味は**印象的な意味合い**を増してきます．good や beautiful，また strong や weak といった心理的で主観的な意味を表す形容詞といっても良いと言えます．逆に名詞に近づくにつれて**属性**（本来備わっている性質）を帯びてきます．これは名詞の近くにあって，例えば cotton や French のように素材や所属・国籍を表す形容詞ほど名詞の直前に置かれることから理解できます．形容詞についてはここでは詳しく扱いませんが，一般的に印象的なものに関わる形容詞内では，主観的な意味を表す形容詞よりも，客観的な形容詞の方が後に用いられる傾向があります．

名詞チャンク中の冠詞の位置

　ここでは，限定詞の一つである冠詞が名詞チャンクのどの位置に現れるのか簡単に見ておきましょう．言うまでもありませんが，最も短い名詞チャンク（限定詞＋名詞のみの組み合わせ）であれば名詞の直前に現れます．ここで最も短い名詞チャンクといっているのは，例えば，***a*** piano, pianos, ***the*** piano, ***the*** pianos, piano（ゼロ冠詞）のように限定詞の内の冠詞が一個と名詞との組み合わせが考えられる場合です．そしてこの時，その名詞をどう捉えるかによって不定冠詞が付くのか，定冠詞が付くのか，あるいは φ 冠詞が付くのか決定されるのは言うまでもありません（複数形を伴う場合も含めて考えています）．

冠詞以外の限定詞の名詞チャンク中の具体的な位置

では，さらにまとまった英文を書いていく場合はどうすれば良いのでしょうか．特に冠詞以外の要素を含む名詞チャンクを展開していきます．

①の例文では，冠詞（限定詞の1つ）と名詞の間に数詞と形容詞が入る余地があります．本例文では，形容詞が名詞の前に一つ用いられています．また，名詞のすぐ後には後置修飾として，前置詞句が使われているのが分かります．

②の例文では限定詞の他に，数詞（基数）と形容詞がそれぞれ1つ名詞の前についています．

③の例文では限定詞の1つである所有格が名詞の前についています．そして形容詞が一個ついています．さらに後置修飾として名詞の後ろに関係代名詞がついた形になっています．

① There is *a beautiful* vase *on the table*.
② Look at *those three thick* dictionaries.
③ I met *my former* teacher *who taught me English in senior high school*.

名詞の直後につけるチャンクのいろいろ

名詞の直後につけるチャンクとして次の6つを考えてみましょう．すなわち，①前置詞句，②形容詞句，③副詞（句），④現在分詞・過去分詞，⑤名詞句＋名詞句／同格節，⑥ like, such as など，そして，⑦関係詞節です．

今までの学校文法では，この種のチャンクは，主に名詞の後ろにつく修飾語句，節という捉え方がされてきました．その際には名詞の後から前に戻る形でその意味内容を捉えようとしていました．つまり，「〜の＋名詞」という具合です．しかし，このような後から前へ戻って解釈する行為は，本来の言語線条性から見れば逆行することになります．つまり，ネイティブにおいては，線条性の最大の特徴である左から右へという情報処理が本来なされているはずですが，従来の英文解釈においては，「後から前へ」という逆転現象が起こっているのです．言語の線条性を考えるとき，これで果たして良いのかという疑問が生じます．このことが，英文の理解に何らかの不都合をもたらしていると言えるからです．

要は，ここでは言語の持つ線条性に従って英文を理解することが重要なので

す.以下の例で考えてみることにします.

① Look at the book **on the desk**.

　最初に,空間や時間などの関係を示す前置詞句を見ていきます.

　上の例を日本語で表すと,「机の上にあるその本を見てください」となりますが,英語としてはどのように理解しているのでしょうか.情報処理の方法としては,まず前半の「その本を見てください」という部分が脳で言語処理されるはずです.その後,その本は「机の上にあるんだなあ」と,2段階で情報処理が行われていると考えるのが妥当な所でしょう.

② I have three books **to read**.

　She was carrying a basket **full of apples**.

　形容詞は一般的に,名詞の前に置かれると,特徴・属性を表します.名詞の後に置かれると,上の例のように形容詞句として情報をつけ足す傾向があります.

③ The weather **tomorrow** will be cloudy.

　I'm moving into a newly built house **next door**.

　名詞の後に副詞（句）を置いて時間や場所を的確に表現することが可能になります.

④ Do you know the man **standing** over there?

　I bought a liquid-crystal color TV set **made** in Japan.

　動詞的役割をする分詞が使われる例で,「～している」「～される」という意味合いで用いられます.doing は現にしている行為をつけ足す時に,done はすでになされたことを表すのに用いられます.

⑤ **hanetsuki**, to play the battledore and shuttlecock, **mochitsuki**, rice-cake making, Tofu, **fermented bean curd**, is getting more popular than ever in the world.（名詞句の同格用法）

　Ms. Kyoko Tanaka, **who is Director of the International Network of Buddhists in America**, works for the development of unity of all citizens and happiness of every human being.（同格節）

　上のように名詞句を並列的に並べて使う表現方法もあります.これは一般的に同格と言われるものです.例えば,日本的事象を説明する場合など適応範囲は意外と広いと考えられます.

⑥ We have a series of books ***such as*** works of Natsume Soseki, Akutagawa Ryunosuke, and Dazai Osamu in English.

この場合のように，名詞の後に具体例として列挙していくことができます．名詞＋such as A, B, and C とすれば，名詞の新情報として並べていくことが可能となります．like も同様に使うことができます．例えば次の例文はどうでしょうか．newly industrialized countries（NICS）***like*** China, India, and Vietnam

⑦ He knows a man ***who*** travels to remote corners of the world.

前段の He knows a man. とフルストップで止めてしまうのは少し物足りない気持ちがします．a man と示されているので，男の人ということは理解できますが，このままでは不特定多数の中の男の人（a man）であって，具体的に「誰」のことか明らかになっていません．このことから，後段の who 以下の必要性がでてくるわけです．つまり，a man の持つある種の「意味の不安定さ（どんな男の人なのかという複数の可能性）」があるため，名詞に情報を追加して対象を絞り込む必要性がでてくるのです．そのための表現方法が関係詞節と呼ばれているものです．この場合，別の考え方としては，関係詞節がないと，せっかく a man と表しているのにもかかわらず，先行詞である「男の人」の必要条件となる部分が欠けたままになってしまいます．つまり，先行詞に情報を足していくという時の必要条件を満たしていないことになってしまいます．

それでは次のような先行詞に the がついている場合はどうでしょうか．I have received the letter ***which*** was sent from President Obama.

先行詞に the がついていることから，これは特定の手紙だということが分かります．この場合，I have received the letter. で仮に文が終わっているとすると，大変唐突な感じがしてしまいます．なぜならば the には「共有感」としての働きがあるため，この文の出だしに何らかの手紙に関する記述あるいは言及がすでになされていなければなりません．それなくして，これを聞いたり読んだりした人は「the letter」って何だろうと一瞬戸惑ってしまうと予測できるからです．

したがって，聞き手，読み手側からすれば，「その手紙とあるけれど，どの手紙なのか」といった，手紙を特定する情報が必要なってくるのです．そこで先行詞を特定化する働きを持つ関係詞が使われることになります．

もうお分かりでしょう．関係詞はある対象（モノ＝先行詞）に対して情報を言

い足していくという機能を果たしているのです．つまり，いったん関係詞を「モノ」として捉えた上で，新しい情報をどんどん足していくことが可能なのです．関係詞によって豊かな表現力を磨くことができれば，これほど頼もしい強い味方はないでしょう（田中 2008）．

　もう少し，実際の使用例として関係詞の場合を考えてみましょう．ここで扱うのは関係代名詞です．一般論で言いますと，関係詞節は名詞のあとに情報を足していくときの最も存在感のある役割を持つものだと考えられます．自由闊達に情報を足していく有様は，まるで七変化のごとくであって他の追随を許しません．時制も何を使っても構いません．動詞の形という点から言えば，なんと 24 通りの言い方が可能です．前述の通り現在形，過去形，進行形，未来表現は言うに及ばず，現在完了形・過去完了形を始め，完了進行形，その他助動詞や受動態が入った言い方が可能です．詳しくは，この後の動詞チャンクを参照してください．

　関係詞が分かれば，いくえにも重ねて英語を表現することが可能となります．それは，名詞を起点として後置修飾として自由にしかも多彩に内容のある表現として機能させるのが可能となるからです．左から右へと自由にそして華麗にことばを紡ぎ出していくことができます．文字通り，英文に花を添えると言えるでしょう．さあ，読者の皆さんも左から右へと，1，2，3 と文を連ねていきましょう．きっと素敵な英文になるでしょう．

　This is the most interesting story ***that*** I have ever heard. Every time I recall the story, I can think of one episode about it ***which*** I think is wonderful to keep in mind and recite in front of an audience, ***who*** will no doubt be moved by its message.

動詞チャンク
　動詞でいえば，動詞の**時制**（tense）や**相**（aspect）といった側面が深く関わってきます．例えば動詞の時制を考える際には，現在と過去が重要になります．これは文字通り，動詞の形が表している時間のことです．一方，相を考えてみると**単純相**，**進行相**，**完了相**，そして**完了進行相**があります．相は動詞の意味が表している動作や状態の様子と言えるでしょう．つまり，動きがないのか，動きがあ

るのか，あるいは動作や状態が完了しているのか，さらには進行状態が完了しているのか，これらを考えることが動詞チャンクを形作っていくための第一歩となります．

以上の点を簡単な用例で確かめてみましょう．

① The company builds bridges.　　　　　（現在・単純＋動詞）動きがない
② The company is building the bridge. 　（現在・進行＋動詞）動きがある
③ The company built the bridge.　　　　（過去・単純＋動詞）動きがない
④ The company was building the bridge. （過去・進行＋動詞）動きがある
⑤ The company has built the bridge.　　　　　　　（現在・完了＋動詞）
⑥ The company had built the bridge.　　　　　　　（過去・完了＋動詞）
⑦ The company has been building the bridge.　（現在・完了進行＋動詞）
⑧ The company had been building the bridge.　（過去・完了進行＋動詞）

ここからは受動態（Voice）が加わった例です．

⑨ The bridge is / was built by the company.
　　　　　　　　　　　　　　　　　（現在／過去・単純・受動態＋動詞）
⑩ The bridge is / was being built by the company.
　　　　　　　　　　　　　　　　（現在／過去・単純・進行・受動態＋動詞）
⑪ The bridge has / had been built by the company.
　　　　　　　　　　　　　　　　　（現在／過去・完了・受動態＋動詞）
⑫ The bridge has / had been being built by the company since a year ago.
　　　　　　　　　　　　　　　　（現在／過去・完了進行・受動態＋動詞）

現在，過去の2つの時制を含む英文を設定すれば，ここまでで16通り（①〜⑫）できます．

ここからは助動詞（might）が加わった例です．

⑬ The company might build the bridge.　　　　　（過去／助動詞＋動詞）
⑭ The bridge might be built by the company.
　　　　　　　　　　　　　　　　　　　　（過去／助動詞・受動態＋動詞）
⑮ The company might be building the bridge.
　　　　　　　　　　　　　　　　　　　　（過去／助動詞・進行＋動詞）

⑯ The bridge might be being built by the company.
（過去／助動詞・進行・受動態＋動詞）
⑰ The company might have built the bridge. （過去／助動詞・完了＋動詞）
⑱ The bridge might have been built by the company.
（過去／助動詞・完了・受動態＋動詞）
⑲ The company might have been building the bridge.
（過去／助動詞・完了進行＋動詞）
⑳ The bridge might have been being built by the company since the earthquake.
（過去／助動詞・完了進行・受動態＋動詞）

なお，（ ）内の最初にある現在・過去の表記は時制（テンス）を表しています．その後の単純，進行，完了，そして完了進行はいわゆる相（アスペクト）を表しています．

さらに⑬から⑳に助動詞を加えるとどうなるでしょうか．これらの例文に助動詞 might を加えたものと，同時に能動態と受動態の可能性も探ってみますと 8 通りの英文ができます．その結果，①から⑳のすべてを合わせると 24 通りの英文ができることになります．もちろん日常的にすべてが使われるわけではありませんが，理論的には可能となります．

さて，ここまで**時制**，**相**という観点から動詞チャンクを見てきました．ここからは，be 動詞を含む一般動詞の後にどうチャンクが続くのか取り上げていきます．

①対象／状態を表す動詞に名詞・形容詞・副詞・前置詞句がそれぞれ 1 つ付く場合

She is a teacher of English.
I am happy.
We kept silent while we were waiting for the train.
Everything goes well.
My parents were in the garden then.

②動詞＋名詞＋名詞（動詞の後に名詞が 2 つ付く場合）

He gave me a present.

③動詞＋名詞＋形容詞／名詞＋副詞／名詞＋前置詞句（動詞の後に名詞が続き，その後に形容詞，副詞，前置詞句が付く場合）

This medicine doesn't make you sleepy.

My little brother put his toys away.

I'll see you at the station.

④動詞＋to do / doing（動詞の後に不定詞，動名詞が１つ付く場合）

I hope to see you again.

We really enjoyed seeing the movie.

⑤動詞＋名詞＋to do／名詞＋do／名詞＋doing／名詞＋done（動詞の後に名詞を１つ伴い，不定詞，動詞の原形，現在分詞・過去分詞がそれぞれ１つ付く場合）

I want you to do it.

I will make him do it.

We watched him crossing the street on that day.

I usually keep the windows closed during the day.

⑥動詞＋that 節／名詞（人）＋that 節／wh- 節／名詞（人）＋wh- 節
　　（動詞の後に that 節・wh- 節が付く場合や，動詞の後に名詞（人）を伴って that 節や wh- 節が１つ付く場合）

I understand that our homeroom teacher is in his thirties.

The policeman told me that there was a dangerous intersection ahead of us.

I now know what you mean to say.

Would you tell me where the nearest station is?

副詞チャンク

まずは副詞チャンクに限定して見ていきましょう．副詞チャンクには語のレベル，句のレベル，そして節のレベルのものがあります．またそれらを機能・英文中における位置の２つの点から見れば，①他の語句を修飾する副詞（形容詞，副詞，前置詞句など），②5W1H のうちの when（時），where（場所），why（理

由), how（様態）を表す，③副詞の位置によって働きが異なる，の3点を挙げることができます．

では，①〜③の用例を見てみましょう．

① You are **almost always** late for school.

　the store **next door**

　Now we are **right** in the middle of Tokyo.

　He was not old **enough** to run for an election at that time.

　She was **so** happy that she was walking on air for days.

② My parents used to live **in the country for many years,** but now they live **in Tokyo** with my family.

　We had to take a taxi **because we missed the last train**.

　If I were you, I wouldn't say like that.

　To tell the truth, I could not sleep at all last night.

③ I don't **really** want to have my picture taken with casual clothes.

　I **really** don't want to have my picture taken with casual clothes.

さまざまな副詞チャンクを含む表現は他にもあります．時間や場所の他に，④頻度，⑤手段・道具，⑥目的・結果などがそれらに相当します．

④ I **sometimes** go to the movies.

⑤ You can send these pictures **by email**.

　Fill in the application form either **with a fountain pen or a ball-point pen**.

⑥ Switch off your mobile phone on the train **so as not to cause a nuisance to others**.

　We are trying very hard **in order to make ourselves understood**.

　Please give me your telephone number **so that I can contact you about it at any time**.

そして最後に⑦関係副詞を加えておきます．表現力がアップします．

⑦ I still remember the day **when** I first met you.

　This is the house **where** I was born and brought up.

　That is the real reason **why** they broke up.

　This is **how** we do it.

> ここで扱った内容
>
> ＊チャンクとチャンキング
> ＊名詞チャンク，および名詞の前に来る配列順と名詞の後ろに来る配列順
>   前置修飾【①限定詞＋②数詞＋③形容詞)】＋核となる名詞＋後置修飾【①前置詞句 ②形容詞句 ③副詞（句） ④現在分詞・過去分詞（doing / done） ⑤名詞句＋名詞句／同格節 ⑥ like, such as など ⑦関係詞】
> ＊動詞チャンクはおもしろい
> ＊副詞チャンクは表現の宝庫
> ＊時や場所，理由，条件を表す副詞チャンク
> ＊関係副詞を使って表現力アップ

（2） パラグラフ

　以上ここまでで，英文構成（編成）力についてみてきました．その中で意味の固まりとしてのチャンクに着目し，それぞれのチャンクを結びつけることで，つまりチャンキングをすることで，英文を組み立てていくことが可能となりました．いわばパラグラフ・ライティングを進めていくための橋渡し（ソフトランディング）ができたことになります．今後は，さらにもう一歩進めて，まとまった英文の１つの構成要素となりうるパラグラフについて見ていく必要性がでてきました．そこで以下では，例を挙げながら，パラグラフの構成について見ていき，さらにその上の目標を目指していきたいと思います（→（3）「英文の種類と表現技法」を参照のこと）．

パラグラフの構成はこうする

　英文の構成といえば，まずパラグラフの構成を考えなくてはいけません．一般に，文の書き始めには**主題文**（topic sentence）と呼ばれる**パラグラフの要旨を述べた文**を置きます．次に主題文をサポートする supporting sentences（支持文・展開文）をその後に続けます．その際，全ての支持文が主題文を支えることに注意します（**結束性**）．supporting sentences には，具体例，説明・解説，数字や統計，あるいは専門家の意見などがあります．これらの内から，必要に応じて使い分ければ効果的なパラグラフができあがります．

例えば，**How To Communicate with People from Abroad.** というテーマで自分の論述をどのように展開していけば良いのでしょうか．

How to communicate with people from abroad is an important issue in the
①主題文
world. A proverb goes, "Speech is silver, silence is golden." But this is not
　　　　　　　　　　　　　　　　　　　　　　　　　　　　②否定（negation）
always exactly true in the present society. It has been argued that speech
　　　　　　　　　　　　　　　　　　　③現状における論調（status quo）
for communication plays an important role in international understanding regardless of our vocations, beliefs, or stations in life. Professor Edwin O.
　　　　　　　　　　　　　　　　　　　　　　　　　　　　　④専門家の意見
Reischauer, a former U.S. Ambassador to Japan, once said: "English is the world language as of the present moment.... There are many countries, much less important in world trade, much less advanced in the process of modernization than Japan, which seem to have a much larger voice, simply because they have greater mastery of this tool of communication, the English Language."

Especially for Japan, who for a lack of natural resources, must trade with
⑤主題文
the rest of the world. Japan will have to make her wishes known to the world
　　　　　　　　　　　　⑥論拠（reasoning）
through language, not just with guessing games or disputes in accordance with the proverb "Speech is silver, silence is golden." Japan must say her
　　　　　　　　　　　　　　　　　　　　　　　　　　　⑦結論（提案）
own opinions in international situation without any hesitation. It has to communicate through language and to try and facilitate voluntary settlements of disputes. This means that, as is practiced by Westerners, communication is

a two-way process, based on give-and-take.

　Come to think of it, Japanese people have not had a chance to get used to close
⑧主題文
relations with foreign countries until quite recently. Therefore they did not see
⑨論拠
themselves from various angles. For that reason, they did not find themselves
and could not know where they were going. Because Japan is such an insular
country, she needs to have a mirror to reflect her vision in it.

　This mirror is, I would say, other countries. In other words, it is only in a
peaceful international society that Japan can establish her own clear-cut stance.

　It is crystal clear that communication based on agreeing and disagreeing is a
⑩主題文
key to opening up the door of Japan to the rest of the world. For that particular
⑪理由付け
reason, we will have to start with the everyday communication with the people
around us, especially with people from abroad. For example, cultural misun-
⑫具体例として
derstandings may often result in a biased viewpoint or preconceived idea
about another country. These in turn may prove to be points of friction in
international relations. In this respect, we will not be able to live without
⑬結論
some "window to the world" in the form of English. This goes to show that
"Speech is golden, silence is silver."

　Today, as it has been often said, there is a much larger communication
⑭主題文
gap between foreign countries and Japan.

Now who better than we can assume leading positions and contribute to
⑮発信（問いかけ）
reducing this gap?

Let us bear in mind that we can overcome the "language barrier" and be
⑯結論（＝主張）
able to communicate with people from abroad.

Let us not forget that it is we who will take the first step towards real com-
⑰結論（アピール）
munication.

【語　句】

in this connection これに関しては　a guessing game 腹の探り合い　without any hesitation 積極的に，躊躇なく　come to think of it 考えてみると　clear-cut 明確な，分かりやすい　It is crystal clear that ... …はっきりしている，一点の曇りもない　open the door of ... to ... …へと…の扉［門戸］を開く　preconceived idea 先入観　leading position 指導的地位　bear in mind that ... （that 以下のことを）心に留める，覚えておく

【日本語訳】

　外国人とどのようにコミュニケーションを図るかは世界中で重要な問題となっています．ことわざに「雄弁は銀だが，沈黙は金」というのがあります．しかし，現代社会においては，これは必ずしも当てはまるとは言えません．職業，信条，身分にかかわらず，私達が国際理解を推進するためには，相互理解のための話す能力が大変重要な役割を果たすについては，いままでずっと議論されてきました．かつて，駐日アメリカ大使を務めたライシャワー教授によれば，「英語は現在の所，世界語である…（中略）…世界貿易ではるかに後れを取っている国々や，近代化の過程で日本よりはるかに後進国である国々がたくさんあります．しかしながら，こういった国々には，大きな発言力があります．なぜならば，彼らは英語という言語のより高度な熟練度を手にしているからである」．
　特に日本の場合，資源がないこともあって世界を相手に貿易をしなければいけ

ません．日本はその意向をことばを通して世界に訴えかけなければいけません．「雄弁は銀だが，沈黙は金」の結果として，単に腹の探り合いや論争であってはいけません．日本は，積極的に国際的環境の中で自らの意見を述べなければならないでしょう．日本は，ことばを通して相手に伝えなければいけません．そして，論争のなかから自発的な合意を促進するよう努力しなければいけません．これは，西洋人がそうすると同じように，コミュニケーションは意見の交換に基づくものであるという意味です．

考えてみると，日本人はつい最近まで外国との緊密な関係を作るのに慣れる機会があまりなかったのです．したがって，日本人はいろいろな角度から物事を見ることができなかったのだと言えます．そのため，自分を見つめ直すことができず，日本人がどこへ向かうのか理解できなかったのです．日本はそんな島国根性の国だからこそ自分達の未来像を写す魔法の鏡が必要とされているのかも知れません．

すなわち，その鏡は外国の国だと申し上げたいと思います．言い換えれば，平和な国際社会にこそ明確な日本の立場を見据える場所があるのです．

見解の相違を認め合うことで相互理解を図るのは，世界へと日本の門戸を開くための鍵である点に一点の曇りもありません．この点から，私達は私達を取り巻く人々と相互理解を図る必要があります．特に外国との人々と相互理解を図る必要があります．例えば，文化的な誤解は，しばしば他国に対する偏見や先入観によると思われます．これらは国際関係において，摩擦の原因をもたらすことでしょう．この点においても，私達は英語によるなんらかの「世界への窓」なしではすませることはできないでしょう．これは「雄弁は金，沈黙は銀」を直接的に表すことになります．

今日，これまでしばしば言われてきた通り，諸外国と日本にはさまざまなコミュニケーションギャップがあると言われています．だれが指揮をとり，コミュニケーションギャップを解消するための手だてをうまく進めるのは誰でしょうか．

「言葉の壁」を破り，外国の人々とコミュニケーションを図ることができると，心に刻んでおきましょう．その一歩を踏み出すのは，私達であるということを忘れてはいけません．

ここからは前述の例を少し詳しく解説していきましょう．①では主題文に関連する象徴的な「ことわざ」を取り上げて，②で否定することで論述のきっかけを作っています．③では「ことわざ」の趣とは違って，現状における論調を提示して，現状はこうあるべきであるという点を暗示しています．④では，③を裏付けるための専門家の意見を引用しています．権威者の意見を述べることで，議論の展開に信憑性を持たせようとしています．

　次のパラグラフの第1文⑤は主題文，⑥は，具体例として日本を取り上げています．そして⑥は⑤に対する論拠（根拠）として捉えることができます．さらに，これまでの議論（ディスカッション）を踏まえてある種の提案を⑦の後半部分で導き出していると考えられます．そして次のパラグラフへと移っていきます．

　次のパラグラフの⑧主題文では，さらに議論を展開していくために，日本人がこれまでに経験してきた点を挙げています．⑨以降では，その議論の結果として，かつての日本人はやむなく世界に対してうまく対応できていなかったことを述べています．したがって，日本はそのような島国根性の国であるからこそ，自分達の未来像を写す魔法の鏡が必要とされていたのだと述べています．すなわち，それは他の諸外国だということになると指摘しています．

　⑩の主題文では，違いを認めるという姿勢を示すことが重要だと述べています．その理由付けとして，⑪で外国との人々と相互理解を図る必要があると述べています．その後，具体例として⑫で文化的な誤解は，しばしば他国に対する偏見や先入観によると述べられています．この点が国際関係において摩擦をもたらしていると言えます．この点において，⑬では，私達は英語によるなんらかの「世界への窓」なしではすませることはできません．このことを「雄弁は金，沈黙は銀」という表現で示されています．

　以下では，⑮の修辞疑問文による問いかけがなされ，そのための方策として⑯で私達が取るべき態度が示され，最後の⑰では文字通り，その帰結として，私達がその最初の第一歩を踏み出すという結論（書き手の意見）が導き出されています．

　特にここでは論説文（評論文）を例にとって，パラグラフの構成という側面か

らごく簡単に見てきました．英語を読むにしろ，あるいは英語を話すにしろ，いかに英語の論理が重要であるかお分かりいただけましたでしょうか．そのためには，まずは英語を書くことで英語の表現技法を鍛錬していく必要があります．そしてその柱の1つとしてパラグラフの構造や仕組みを考える必要があるのです．

なお，ここで用いました英文はIII演習・応用編で論証文の一部として扱っておりますので合わせてお読みください．

> ここで扱った内容
> ＊パラグラフについて
> ＊パラグラフの理論と実際
> ＊実際のパラグラフを検討する

（3） 英文の種類と表現技法
英語の表現技法を知る

英文をより効果的に組み立てていくには，**英語の表現技法**（レトリック）を知る必要があります．ちょうどそれは船が航海するときに羅針盤が必要になるのと同じように，英文作法を考える上で拠り所となるものの一つだと言っても過言ではないでしょう．ここでは，先ず英文にはどのような種類があるのかざっと見ていきます．そして次に，英語の表現技法について簡単に説明していきます．

英文の種類には，おおよそ説明文（exposition），物語文（narration），描写文（description），論証文（argumentation）があります．そして説明文では，いくつかの英文展開法によって主に次の6つの表現技法（定義，比較・対照，分類，因果関係，例証，過程）に分類することができます．

以下では，説明文の6つの表現技法と，物語文，描写文，論証文について概略を見ていきます．

まず最初に，それぞれの表現技法について簡単に解説していきましょう．そのあと章を改め，演習編として，実際にどう英文技法に則り，英文を書いていくのか具体例を通して学んでいきます．

説明文（exposition）

定義（Definition）　説明文のうち，**ある概念の内容を構成する本質的な特性・特徴を明らかにして他の概念から区別することによって論点を絞っていく方法です．**こうすれば，聞き手，読み手もどこに話の焦点を置けばよいのか，心の準備ができるというものです．その意味では，話の出だしや冒頭でうまく使えば効果的だと言えます．また，発表者自身も自分を見失わず自分の立ち位置をしっかり掴むことができます．

さらに，書物やスピーチに出てくる特別な言い回し（jargon）や専門用語（terminology）は，知識を持たない人にとってはやっかいなものです．用語を定義することによって，書き手あるいは話し手は，読者や聴衆との間に横たわっている情報の溝を埋めることができます．

定義の仕方には，主に次の3つがあります．

1) 一般的に語句の解説や語句の意味を述べることで定義します．
2) 事物の輪郭や形，機能や仕組みから定義します．
3) 分析を通して定義します．

1) の例として，

My definition of "globalization" is <u>the fact that different cultures and economic systems around the world are becoming connected and similar to each other because of the influence of large multinational companies and of improved communication.</u>（グローバル化とは，大規模な多国籍企業の及ぼす影響力や情報伝達の改善により，世界中の異なる文化や経済システムがつながりを持ち，お互いに似てくることである．）　　　　　　　下線部の出典：*OALD*（2005）

2) の機能面から定義するものとしては，This new mobile phone performs functions such as one-segment broadcasting, GPS locator and mobile wallet.（この最新式の携帯電話はワンセグ，GPS機能，おサイフケータイなどがついています）があります．

3) は定義しようとする用語などを，**ある概念の内容を構成する本質的な特性・特徴を明らかにして他の概念から区別することによって，**その特徴を際だたせることができます．

A Siberian Husky is a dog known for its ability to tolerate cold, its distinctive features, and its keen strength and stamina.（シベリアハスキー犬は寒さに強く，際だった特徴を持ち，耐久力のある犬です）が考えられます．

出典：http://essayinfo.com/essays/definition_essay.php（平成24年3月28日）

　本来，定義をしていく上で重要な点は，読み手，聞き手に理解可能な定義，具体例，事実などを示すことです．しかも，定義を最もうまく引き立たせる説明文，事実，具体例，逸話でなければなりません．そのためには，常に読み手や聞き手のことを念頭に置いて，どのような例が最適なのか，どのような定義が理解に役に立つのか細心の注意を払わなければいけません．

　比較・対照（Comparison and Contrast）　　Comparison and Contrastでは，2つの側面から物事を見ていく際に使います．comparisonでは主に類似点に重点を置きます．逆にcontrastでは相違点に重点を置きます．
　ここで比較・対照を使って英文を組み立てていく場合の英語の表現技法をまとめておきましょう．
1) 最初に比較という観点から英文を構成します．そして次に対照という視点から英文を組み立てます（もちろんこの逆もあり得ます）．
　この構成方法では，2者間の類似点を最初に述べ，次に2者間の相違点を述べていきます．英文の流れは簡略化すれば，以下のようになります．

　Introduction→A and B are similar.→A and B are different.→Conclusion

　重要な点は，最初に比較から始めると，結果的に相違点が強調されることになります．逆に対照→比較の順ならば，類似点が強調されることになります．
2) 1つの内容について何度かにわたって比較または対照する．そして同じように次の内容を比較または対照する．その結果，英文の流れは，以下のようになります．

　Introduction→Similarities (or Differences)→Differences (or Similarities)→Conclusion
3) 個々の特定の要素について，比較できる，または対照できるものだけに絞って比較・対照していく方法です．英文の流れは，以下のようになります．

Introduction → element #1 → element #2 → element #3 → element #x → Conclusion

4) 2つの事象を比較するだけ，あるいは対照させるだけという場合もあります．この場合，あらかじめ序論で簡単な対比を示しておき，比較を行うことになります．また逆に，2つの事象を対比するだけの場合は，本文の結論で類似点に触れておくことが肝要です．いずれの場合も，読み手，聞き手にいずれか一方だけではなく，両側面をしっかり見据えて文章展開を行っているという印象を与えることが重要になります．

分類（Classification）　分類することによって，より細かに事象・事態を説明することができます．もちろん，これは聞き手，読み手に新しい情報を提供すると同時に，情報をよりよく理解してもらうための文章展開法でなければいけません．スピーチのうち，例えば，相手に情報を伝えるスピーチ（Speech to Inform）に応用することができると考えられます．

ここでは話をもう一歩進めて，効果的に「分類法」を使うにはどうすれば良いか見ていきます．

大事な点は，取り上げる話題についてどの視点から分類するのか考え，カテゴリーを設定する（ここでは乗用車の総排気量とします）という点でしょう．つまり，ある範疇を設定することです．あれもこれもというようにすべて網羅するのでは，話がまとまりません．例えば，「アメリカの乗用車と日本の乗用車を，それぞれのエンジンの総排気量から大型車，中型車，小型車のそれぞれに分類をし，アメリカ車と日本車の違いについて分類していく」こととします．この時，エンジンの総排気量の大きさという1つの視点に従って分類することが重要となります．

言い換えれば，どのように分類するかは，1個の統一原理（ここでは乗用車の排気量）によって分類が行われなければいけないということです．途中で突然別の統一原理，例えば「色づかい」を扱ってはいけないということになります．もちろん，「次に」，とすれば話を「色づかい」にスポットを当てることはできます．つまり，もう一つ別の範疇（カテゴリー）を設定することができます．そして各範疇（カテゴリー）には同じ数の例を与えることが重要です．

以上をまとめると以下のようになります．
1) 範疇（カテゴリー）を決める．
    ・重要なカテゴリーを盛り込む．
    ・あまり多くのカテゴリーを盛り込まない（度が過ぎると，種類が煩雑になり焦点が絞りにくくなる）．
2) 1個の統一原理に従って分類する
3) 各カテゴリーを具体例でサポートする．

因果関係（Cause and Effect）　物事が生じる場合には，ある原因・理由があって結果がもたらされるということが考えられます．原因 → 結果の流れをうまく表現することで，論理展開がうまく取れ，最終的に聞き手，読み手を効果的に説得したり，納得させたりすることが可能となります．

また，ある現象面を捉えるためには，原因として何があるのかしっかり捉え，そこからもたらされる結果を導き出してみましょう．その図式は上で述べた原因 → 結果です．つまり，因果関係を明確にしていくという論理展開です．あることがらについて問題提起をしていくとき，どこにその原因があるのか追求すると同時に，そのことによってもたらされる結果にも目を向け分析を進めていくことが重要です．

例証（Exemplification）　言いたいことを理解してもらうには，いくつかの具体例を用意すると良いでしょう．具体的な例を示すことによって，効果的に聞き手，読み手の理解を一層すすめることができ，話し手，書き手の意図をうまく伝えることが可能となります．ただその際，取り上げる具体例は独りよがりのものではいけません．読み手や聞き手が理解するのに，ふさわしいものでなくては意味がありません．特に，ある情報を伝えるスピーチでは，聞き手によりよく理解してもらうための具体例とならなければいけません．また，書く場合にも同じことが言えます．

ここでは，少し詳しくこの表現技法の大まかな流れを見ていきましょう．最初に主張し（書き）ます．言い分を立証し（書き）ます．次に，①主張を証明するための詳細にわたる具体例を提示します．また，②時に角度を変えて新しい視

点から，自分の主張を相手に理解してもらうための十分な具体例を挙げます．

以上が「例証」を進めていくための基本的な手順です．ここでは具体例の扱い方がいかに重要であるかお分かりいただけるでしょうか．それでは，その「具体例」についてこまかく見ておきましょう．

1) 具体例を挙げる

多様な具体例，詳細にわたる具体例を使って自分の主張を理解してもらいます．効果的な具体例は，文章に活力（説得力，自分の文だという感覚）を与え，文章を際だてます．

2) 具体例のタイプ

具体例のタイプには，物事を端的に説明するための短く簡潔なものと，詳細にわたるものとがあります．

前者の具体例は，一般的にこの表現技法を使った文中に頻繁に現れ，事態を簡潔に説明する働きを持っています．それに対して，後者の具体例は細部にわたる情報を含む具体例と言えます．この種の具体例は，複雑な内容を持ち，しかも簡単な具体例では説明しきれない情報を分かりやすくするための機能を持った具体例と言って良いでしょう．

このように機能的な違いはありますが，根本的にそれぞれの具体例は，具体例の中でも最も典型的なもので，それによって全体像が容易に理解できる中心的な意味を持つ具体例でなくてはいけません．

例えば，喫煙の危険性を主張する場合，「80歳になるまで一日2箱タバコを吸っていたが特に大きな病気をしていない」人の例を取り上げても意味がありません．なぜならば，それは長期間喫煙をしている大方の人のタバコによる病気の罹患率を代表する具体例となっていないからです．

したがってこの種の表現技法では，ある事象を明らかにするため，説明するため，また時に証明・立証していくための具体例をどう使うかに重点があるということになります．

効果的な例証文を書くためのポイントをまとめておきましょう．

① 要点を明確にする
② 具体例をうまく使う
③ 具体例が要点をうまく伝えているかどうか検討する．曖昧な具体例は

用いない.
　また，側面から証明を加えるという観点から次の点を加味することが可能だと思われます．
　④　根拠付け
　　・データ
　　・理論の援用
　　・研究結果
　　・引用（専門家の発言）

過程（Process）　この表現技法では，どのようにするのかそのやり方を伝え，どのように事柄が行われるのか伝えるのが大きな目的となります．例えば，どういう手順を踏んで書物が出版されるのかや，あるいは商品が生産されるのかといったことを連想すれば分かりやすいと思います．そこで，重要になってくるのが次の項目です．
1) どのような過程を相手に説明するのか．
2) その過程を行うのに別の方法はあるのか．
3) その過程を理解してもらうには，どのような予備知識が読み手，聞き手に必要なのか，また，どのような技術が必要なのか文中の内容に組み込む．
4) ある過程を説明するのに，いくつの段階を踏むのか，また時間はどのくらいかかるのか文中の内容に組み込む．
5) 過程の各段階はなぜ重要なのか，どのような難しさがあるのか，どのようにその難しさを克服するのか文中の内容に組み込む．
6) 一般的にこの種の英文は第二人称で書く．

　次に過程について言語的側面から見ていきましょう．
　ある過程を示す場合，検査や作業の流れに従って話が展開されます．最初の段階から途中の段階へ（次のステップへ），そして最終段階へと各段階が詳細に示されます．このような表現技法では，それぞれの段階で特徴的に「つなぎのことば」がよく使われます．例えば，first, second, third, initially, first of all, currently, during, meanwhile, later, then, next, subsequently, finally, in the

end, at last などがあります．

物語文 (Narration)

次は物語文について見ていきましょう．

時間的に物語を展開していくことで，物語にメリハリをつけるこのような時間的な流れをつけていくやり方を chronological order といいます（時間の一貫性）．

ある事柄を示すのに物語風に仕立てて，読み手の気持ちをワクワクさせるような文章を物語風の文章と考えます．物語文の基本的な考え方は次の通りです．

まず，取り上げる内容が価値のある内容であるかどうかです．そのためには，書き手，話し手は自分の取り上げる内容によって，読み手や聞き手に新しい物の見方や洞察力を提供できるか検討する必要があります．それにその内容が，それを伝える本人と直接関係がある内容でなければならないということです．

さて，取り上げる挿話がきまりました．そこで考えなければいけない点は，次の3つになります．

1) 読み手を話の中へ巻き込む．単に話をするというのではなく話を読み手のために実際に再現するかのように工夫する．
2) 個人的な話を一般化する．そして，一般化を考える場合，あらゆる年齢層の人々，背景を持った人々を想定する．
3) 物語文の主たる中身は「話」であるので，話の細かな記述には注意を払う．

その他の諸注意としては，次の点が挙げられます．

1) 第一人称で書く（場合によっては三人称で書くことも可能）．
2) 物語文には，正式には，①構想（プロット），②場面設定，③登場人物，④クライマックス，⑤終わり（エンディング）が構成要素として含まれます．

描写文 (Description)

描写文は，空間的な配列，すなわ人や事物の物理的な位置関係を示す表現法＝**spatial order** を使って書くことを意味しています．

時に私たちは，文章の読み手があたかも目の前で映像を観ているかのように感じてもらえるような文章を描くことが必要です．ここでの描写文において，描く

対象となるのは人物，場所，事物などが中心となり，文章が記述されます．このとき，読み手の頭の中で，描かれた描写内容を，まるで読み手である自分自身が目の前に見えるかのように感じとっています．「今・ここ」の時点・場所においてある動作や状態が同時進行的に起こっているかのように描写されていることが大変重要となります．いわば読み手にとって，書かれてある内容を心理的に共感できているかのように，深く感じ入っていると言えます．

このタイプの文には直接的に読み手の五感に訴えるものと，あたかも読み手がその建築物の中にいるかのような錯覚に陥り，まるで机や椅子の配置がつぶさに分かるといった状況を感じ取れるものとがあります．いずれの場合も次の6点にポイントを置いた書き方が良いでしょう（空間の一貫性）．

1) どんな光景が目の前に繰り広げられているか，どんな臭いがするのか，どんな音声が聞こえているのか，どんな味覚を感じているのか，等々を感じ取って表現する．
2) どんな事柄が周りで起こっているのか知る．
3) 表現者の位置と周りにある事物との位置関係に注意する．
4) 読み手，聞き手にどんなことを感じ取ってもらいたいのか前もって知っておく．
5) どんな表現方法が，自分の気持ちをうまく伝えることができるか工夫する．
6) 情報の受け手が，書き手，話し手の意を充分くみ取ることができるように細部にわたる表現がなされているか注意する．

論証文（Argumentation）

広い意味で言えば，対立点を取り扱う論争やディベートは，「相手を説得する」や「相手に行動を起こさせる」に分類することができます．相手を説得するための論駁（論拠・根拠）をここでは考えています．これらの最終的な目標は，聞き手，読み手に「行動を起こさせる」（A Call to Take Action）です．

英語スピーチの観点から言えば，「相手を説得する」「行動を起こさせる」はA Speech to Persuade や A Speech to Actuate という範疇に入ります．

また，ディベートの場合では，どれだけ自分の主張（具体的なプランの提示）

や私達が抱えている諸問題が，現在の仕組みや法体制の不備によってもたらされているのか指摘できなければいけません．そして，そのまま放置しておくと一般市民が大きな損害を被ることになると立証することが絶対必要条件となります．さらに，自分の主張（プランの提示）が，抱えている問題を解決することができるかといった論陣を展開していかなければいけません．

そこでここでは特に，その前提条件となる，相手を説得するための表現技法について詳しく見ていくことにします．この相手を説得するための表現技法の目的は，説得の結果，話し手や読み手に「行動を起こさせる」ことがその主要な点だと考えられます．

まず，説得に至るまでの過程には以下の5つがあることに注意しましょう．
1) 意見を表明して相手を説得する．
2) 変化，変更点を示して相手を説得する．
3) 理由を述べて相手を説得する．
4) 不平・不満を述べて相手を説得する．
5) 勇気づけて相手を説得する．

次に説得力のある英語表現技法の構成要素には，以下の項目があります．
① 立場，見解を提示する（明確な立場，意見を表明する）．
② 見解に対する理由を述べる．
③ 事実に基づく具体例を盛り込む．説得力のある裏付け，重大な反対意見に対する反駁を行う．

ここでは，予想できる反対意見に対する反駁・抗弁・論破については，あらかじめ用意した文章や発言の中に盛り込んでおくと良いと思います．この時，予想できる否定側の議論に真と認めるべき点があれば，率直にそれを認める意思表示をすることは次の④の信頼性の確立につながります．

④ 論理的な主張の展開（logical appeals），心情に訴える（emotional appeals），信頼性の確立（ethical appeals）などを適宜使い分ける．

「論理的な主張の展開」では，明確な理由の提示，明快な思考力が望まれます．

そのためには，自分の主張に対する十分な理由を述べる必要があります．また，なぜ自分はそう信じるのかといった理由も表明する必要があります．さらに，理由を裏付けするための確固たる証拠を提示する義務もあります．

そこで証拠にはどんなものがあるか挙げておきましょう．証拠には実験結果，証言，データ・統計などの信頼性があるとされている確かなものが考えられます．専門家の意見は，一般的に世間で認められている権威者の発言が有効となります．「パラグラフの構成はこうする」の例では，元ハーバード大学ライシャワー教授の発言がそれに当たります．

心情に訴える」場面では，あまり大げさにではなく，相手の感情や心の琴線に触れる表現方法を考えます．同「パラグラフの構成はこうする」の例では，Japan will have to make her wishes known to the world through language, not just with guessing games or disputes, in accordance with the proverb that "Speech is silver, silence is golden." の部分がそれに当たるといえます．

また，「**信頼性の確立**」も重要な要素の1つです．自分の意見を述べていく際の公正な態度，信用のある真摯な態度が必要です．一言でいえば，問題点をあらゆる角度から分析しようとする公正な感覚が重要になります．自分の意見や考えを無理に押しつけ，相手に無責任な行動を仕掛けるようなことはしてはいけません．

⑤文体，書き方を工夫する．

まず文体を考える際には，繰り返しが有効です．例えば，鍵となる語句については繰り返しによってその語句を引き立たせることができます．つまり，そこに書き手，話し手の思い入れがあるということです．例えば，キング牧師の"I Have a Dream"にそのことが如実に現れています．次に，リズムが重要な要素になります．これは英語を書く場合や話す場合のどちらの場合にも考えなくてはいけません．英文を書くときのリズム，話すときのリズムは，主に音の響き，強勢のあるシラブルのあるなし，語句の配置，文章の長さ，繰り返しなどによってもたらされます．

ここまでの論証文「説得するための表現技法」の流れについて，上で述べた①～⑤を念頭に置いて重要な点をいくつかまとめてみましょう．

（a）最初に各自の論題（position statement）を支持するための論理的主張を的確に行う．
（b）読み手，聞き手を共感させるに足るふさわしい明確な立場（立論）を用意する．
（c）反対意見が予想される場合には，前もって抗弁の用意をしておく．
（d）各自の立場を支持するために説得力のある順に，書く（話す）流れを決める．

  例 ・重要なものから順に提示する．
    ・物事が起こった順にする．
    ・因果関係や比較対照などを使って話の内容を考慮し，立論の流れを決めておく．

最後に，論証文で1）〜5）と①〜⑤で扱ってきました表現技法を検証する際の自己診断項目を，何点か挙げておきましょう．

（e）導入部分は読み手，聞き手の注意を引きつけているか．
（f）書き手，話し手の主張は話の最初に明確に提示されているか．
（g）背景知識は充分表現されているか．
（h）論理的展開はうまくなされているか．
（i）理由付けは問題なく行われているか．
（j）心情に訴えること，信頼性の確立はうまくできているか．
（k）反対の立場からの議論にうまく対応できているか．
（l）文体は適当か，また説得力があるか．
（m）結論は堅固で効果的か．

（4）英語における論理的構成

英語の論理については，すでに述べましたが，ここからは文章構成力の1つとして，英語の論理性に沿って書くことについて論じていきます（論理の一貫性）．

そこで，英語と日本語における論理展開，および論理構造についてKaplanの英語の表現スタイル（ライティング）に関する1つの言説を参考にしながら見ていきます．

 ⑴14〜17ページでも述べていますが，英語には日本語と異なる**論理構造**が

あります．例えば，日本語では**起承転結**を重んじる傾向がありますが，英語では一般的に**序論**，**本論**，**結論**となります．まず序論で扱う話題のトピックの提示や結論，現状の問題点などを掲げます．このことにより読み手や聞き手の興味・関心を引きます．次に，扱っている話題の問題点を詳しく指摘し，何が障害になっているのか現状分析を行います．その中で何が問題の焦点なのかを絞り込み，議論を展開することになります．最後に問題を解決するための解決策を提示し，受け手の支持が得られるよう，その解決策の利点を表明し，問題解決が可能であると聴衆を説得しなければなりません．これによって，論理の流れが構築され，聴衆や読み手にとって理解しやすくなると考えられます．以上が本論です．

次の最終段階では本論で述べた内容の集約をしていくことになります．つまり本論で述べたことをまとめていきます．結論は本論の骨子にあたる部分を再度強調して書けば良いと言えます．

以上が英語と日本語の論理構造の違いだと思われます．

⑵これまで上では触れてきませんでしたが，次のように考えることもできます．英語（母語）話者の論理構造は，主題文の後に支持文を続け，そして結論へ導くといった直線的な論理展開をする**直線型**であるのに対して，東洋言語話者では周辺的なことを最初に述べて次第に表現したい内容に到達するという**渦巻型**であると言われることがあります（Kaplan 1966）．この点から直ちに日本語話者の英語では，遠回しに言うことが多く，結論を後回しにするといった論理展開が見られると結論づけるのは危険であるかもしれません．しかし，そのような傾向があると予測するのはできるかもしれません．

⑶次のように言うのは少し冒険ですが，英語では結論がはっきり明示されるのに対して，日本語では結論がはっきり示されないという傾向があるようです．そして，**それはそれぞれの文化的背景や社会的背景に依拠している**と考えられます．ある事態を言語化するという日常的活動であっても，それらを意識する，意識しないにかかわらず，文化的背景や社会的背景が反映されていると言えます．また，日本文化では，言を多くすることを良しとしないところがあります．また，日本文化は他の国から比較すれば均質な文化と考えられている側面があり，あまり言を多くしなくともお互いに理解できるという前提条件があります．こうした文化的，社会的側面も英語の論理を考える上で重要な視点の1つと言えます．

> ここで扱った内容
>
> ＊説明文の種類は次の通りです．
>   定義（definition）
>   比較・対照（comparison and contrast）
>   分類（classification）
>   因果関係（cause and effect）
>   例証（exemplification）
>   過程（process）
> ＊その他の表現技法には次の３つがあります．
>   物語文（narration）
>   描写文（description）
>   論証文（argumentation）
> ＊直線的な論理展開を行う**直線型**対周辺的なことを最初に述べて，次第に表現したい内容に到達する**渦巻型**

（5）要 約

　英語によるライティングは，英語を話したり読んだりするための大変重要な道筋だということを説いてきました．つまり，ライティングを意識することが英語を話すことや英語を読むことに大きく関わっているという思考へのパラダイムの転換を意味しています．それに英語を書くことによって論理的に話を展開していくための作文力を身につけることができる，という点についても論を展開してきました．

　しかしここまでお読みになったとしても，英語教師の皆様の中にはそれはおかしいのではないかと思う方もまだ大勢いらっしゃると思います．つまり英語学習のイロハとして**リスニング→スピーキング→リーディング→ライティング**の順に学習することが望ましいと言われることが一般的だからです．しかし，私は次のように考えています．このことは英語の母語話者やあるいはそれに近い言語環境に置かれている学習者に当てはまることであって，英語の非母語話者である私たち日本人にとっては話が少し違うのではないでしょうかと．

　いや私はあえて申し上げます．それは間違いではないかと．おそらく **listening → speaking → reading → writing** という学習の流れは英語を母語としている人たちが，

学校で英語を学ぶ時の手続き上の問題であると思うのです．ちょうどそれは私達が母語として日本語を習得する過程を考えればお分かりいただけると思います．

　確かなことは，私達は生まれ落ちた瞬間から，話された日本語をまず認識することでリスニングという認知活動を開始していきます．次に一種の**沈黙期**を経て音声を発するという段階へ進むことになります．すなわちスピーキングに達するレベルです．つまり，ここに至るまでにおいて私達が通過する沈黙期から**喃語**（乳児のことばにならない発声）の段階へ進み，そして1語文，2語文へと連なり，時を待たずしてほぼ完全な文を口にすることができるようになります．その後，小学校に入り文字を学び，読み書きを学習することになります．つまり，日本語環境の中で数々の経験知を経た後，私達はことばを聴く，話す，読む，書くという段階に到達できることになります．ここまでくるのに一般的に小学校に入学するまでに聞く，話す能力の基本的な部分については身についているはずです．その後については何年もの学習期間の産物として，成人として日本語が聴ける，話せる，読める，書けるという言語知識を身につけていくことになります．もちろん個人差はあるものの，幼児期から児童へ，そして中・高・大を経て就職する頃までに一通りの言語の4技能を身につけるためのステップを着実に踏むことになります．

　それでは外国語，とりわけ私達と最も関係の深い英語の場合を考えていきましょう．中学時代に本式に英語の学習を始めるとします．上で見たように，この頃までには私達の日本語による認知能力はかなり高いものに発達しています．考える力を見てもかなりの思考力を会得していると言えます．

　上のように中学から英語の学習を始めるとすると，その位置づけは母語としてではなく外国語としての英語学習となるはずです．であれば英語の母語話者が学ぶ過程とまったく同じ学習過程を経ることが必ずしも最優先事項ではないはずです．英語学習は音声にありきという点については私も否定するつもりはまったくありませんが，それだけで小学校から英語を導入するのは少し難しいのではないかと考えています．

　それでは，ここまでの議論の背景にあるいくつかの言説について触れておきたいと思います．そのことによって，日本の英語教育で必要なことは，単に英語の

音声教育ではなく，もっと活字媒体を中心とした学習活動であるべきであるという点を理解していただければ幸いだと思います．

　最初に，言語学習の**臨界期（critical period）**ですが，よく引き合いに出されることは読者の皆さんもよくご存じのことと思います（最近では臨界期が絶対的なものではないという観点から**敏感期（sensitive period）**と呼ばれることもあります）．これは，母語として言語を習得するためにはある限られた期間があるというものです．この言説に従えば，英語を母語として習得するためには「音声にありき」は重要な点かも知れません．このことは，心理学者で神経生物学者でもある E.H.Lenneberg（1967）によれば，「臨界期」は思春期の 12, 3 歳ごろまで続くとしており，思春期を過ぎると言語習得はより困難になるということから分かります．また Robert S. Siegler（2006）を中心とする発達心理学の研究者らも同じような観点から同様のことを 5 歳から思春期の間の臨界期について触れています．

　このことより，日本における外国語としての英語学習においては，すなわち小学校高学年から中学校・高等学校における外国語学習では，**音の認識ばかりではなく，音と文字を結びつけることがより重要な段階**であると捉えることができます．言い替えれば，この段階においては，音声もさることながら文字を意識させ，それを音声化することが非常に重要な学習過程となるからです．さらに言えば，音声に意味を持たせるためには文字や文章を読み解くことにも神経を集中させる必要があります．また，英文を書くことによって確固たる刺激を脳に与え，思考力を増強させ，あらゆる事象を抽象化することも可能となるはずです．そしてそのことによって問題意識を十分に持つことが可能になり，それがゆくゆくは英語を聴くことにも影響を与えるだけではなく，話すことや読むことまでもプラスに作用することが可能となるからです．

　以上の点から，私達日本人が英語を学ぶ姿勢には，やはり，**英語を形あるものとして認識する**ことが非常に重要になってきます．それは文字化であり活字として音声を伴った潜在意識化であると考えられます．そのためには，私たちのような外国語としての英語学習者には比較的早い学習段階から<u>英語を書くという視点</u>を取り入れていくことが必須の学習条件とならなければなりません．

Ⅲ　演習・応用編

1 英語表現技法を使って実際に英文を書いてみる

　さあ，ここからは実際の表現技法を使って英文を書いてみましょう．英文を書くのはなかなか大変だと思っていらっしゃる読者の皆さんにも分かりやすく具体的に進めていきますのでどうぞ心配なく．きっとうまくいきます．それでは始めることにしましょう．

　まず，それぞれの表現技法にそのモデルとなる【本文】を用意してあります．その後，理解の助けとなるよう，【語句】【日本語訳】【役に立つ表現】を順に配列してあります．これらによって内容を理解するだけではなく，論理の展開にも注意していけるように細かな説明を施してあります．

　その後，演習編・応用編として【発展演習問題】【手順】【キーワード】【できあがりまでの過程】【その他の役に立つ表現】をつけてあります．

1. 定義 (Definition)

【本　文】

What does "connotation" mean?

　The word "connotation" has common associations with the idea of hidden and implied meanings. As it is often said, "connotation" has associative implications constituting the general sense of an abstract expression beyond its explicit sense, it describes a certain way of solving a difficulty in understanding the English language. The quality of connotation can be summed up in the following ways. Connotation is the associated or secondary meaning of a word or expression in addition to its explicit or primary meaning. With that in mind, a possible definition of "home" is "a place of warmth, comfort, and affection."

　In other words, connotation is the suggestive or associative significance of an expression along with the explicit, literal meaning, or is just simply implication. For example, the word "tropics" means the area between $23\frac{1}{2}°$ N and $23°$ S; it connotes heat. Again connotation is the associated or suggested meaning of a word or expression inside one's head.

【語　句】

connotation 内包的意味（言外の意味，潜在的意味，暗示的意味，共示）⟷ denotation 外延的意味（辞書的意味，一般的な意味，外示）　implication 含み，言外の意味　associative implication(s) 連想的意味　explicit 明白な　explicit meaning 明示的意味　sum up まとめる，要約する　associated 関連した　secondary meaning 派生的意味

【日本語訳】

　　　　　　　　「内包的意味」とはどういう意味ですか？

　「内包的意味」というのは，「隠れた意味や言外の意味」という概念を想起させるものです．よく言われることですが，「内包的意味」とは，明示的意味を越えた抽象的な表現の観念的意味から成る連想的意味を持っており，ある種の英語理解の難しさを解く道筋を示していると言えます．内包的意味の内容は，次のようにまとめることができます．内包的意味は，明示的意味または第一義的意味の他に，単語や表現に関連した，または派生した意味を表しています．こう考えると「家庭」が持つ可能性のある内包的な意味は，「場所の温もり，安らぎ，愛情」です．

　言い換えれば，内包的意味は，明示的意味または文字通りの意味に加えた，ある言い回しの連想的意味を表しています．単純には言外の意味を表しています．例えば，「熱帯地方」は，北緯 23.5 度と南緯 23 度の間にある地域を示す言葉で，その内包的意味は，熱さを表しています．繰り返しますが，「内包的意味」とは，人の頭の中にある連想的意味のことを表しています．

【役に立つ表現】

1. describe

　　She described the scene of the accident vividly.
　　彼女はその事件の様子を克明に語った．

2. be summed up

    What he said so far can be summed up in a single word.

    これまで彼の言ったことは，一語に要約されます．

3. a possible definition of ...

    A possible definition of this word would be as follows:

    恐らく考えられるこの単語の定義は次の通りです．

4. mean

    This means "butterfly" in English.

    これは英語で「butterfly」という意味です．

【発展演習問題】

「国際交流」を「定義」し，どのような形態が可能か探ってみよう．

【手　順】

「国際交流」を定義し，どのような形態があるか調べてみましょう．

1. 序論：聴衆の関心を引きつける工夫をする
2. 本論（支持文）：
    ・「国際交流」をまず定義してみる
    ・国際交流の形態を一つ述べる → 人的交流
    ・国際交流の別の形態を述べる → 文化的交流
3. 結論（まとめ）：
    ・国際交流の形態をまとめる

【キーワード】

国際交流 international exchange(s)　…を定義する define　人的交流 human exchange, human interaction　人的交流を促進する promote exchanges of persons, promote personnel exchanges　文化的交流を広範囲に展開する conduct〔promote〕wideranging cultural exchange

【できあがりまでの過程】
1. 序論
　引用，数字・統計を用い，トピックにまつわる話などをして聞き手の注意・関心を引きつける．

　Millions of people from abroad come to Japan either on business or for sightseeig every year. These people exchange views or have conversations with Japanese on a day-to-day basis anywhere in Japan.

　They are sending out a message to the Japanese people while they are visiting temples and shrines. This is a mini international exchange program, isn't it? Wherever you may go, you will have a high chance of meeting people from abroad and having a conversation with him or her.

2. 本論
　内容の論旨を展開します．ここでは，まず国際交流の「定義」を加えることで話の範囲を狭めることができます．その結果，論旨の展開が効果的に図れるわけです．

　Here, let me start off by defining the term "international exchange" in my own words and try to figure out what is international exchange activity all about. By "international exchange," I mean an exchange with people of different countries and nations. And there are two phases for that. One is a human exchange. And the other is a cultural exchange. With human exchanges, we will be able to share ideas and opinions with people of different nationalities. With cultural exchanges, we will be able to understand different cultures of different countries.

　In order to place a stepping stone to both exchanges, what can we do? In order to promote exchanges of persons, we should be flexible enough to allow more people to come to Japan either for academic purposes or for sightseeing. In order to promote wide-ranging cultural exchanges, we should invest money and set up a cultural center in major cities in the world. Embassies alone are not enough for that purpose.

　With more people coming to Japan, the chances are good that you could meet many people in person. Direct encounter with people of different cultures means that you will be able to mingle with the common man and therefore be able to promote diplomacy on a personal level.

With many cultural centers in the world, the chances are good that people of different cultures could know well about Japanese culture.

3. 結論

本論で述べた論旨を再度述べ要点をまとめます．

So far I've talked about the two phases of "international exchange" by way of its definition and the methods to promote exchanges both in terms of persons and culture. I argued on the subject of promoting exchanges of persons and conducting cultural exchanges. And my methods to promote exchanges will bring about significant advantages to the development of international exchanges.

【その他の役に立つ表現】

1. define (one's) terms

　　Please define your terms before you start your presentation.
　　発表の前に，使う専門用語を定義してください．

2. begin by defining a few terms

　　Let's begin by defining a few terms before getting down to our main business.
　　さあ，本題に入る前に，ことばの意味を定義するところから始めましょう．

3. be defined as ...

　　Onomatopoeia is defined as words containing sounds similar to the noises they describe.
　　オノマトペは，物事の状態や様子などを実際の音に似せて表現する語と定義されている．

4. be exemplified

　　The word usage is best exemplified in this new type of dictionary.
　　この新しい辞書では単語の使い方が最も良く具体例で示されている．

2. 比較・対照 (Comparison and Contrast)

【本　文】　その1

**Attitude towards language learning:
Japanese and American college students**

Learning a foreign language for both American and Japanese college students is required in principle. This is because they are the next generation of people who will assume leading positions and contribute to the development of each country. It is considered important in world relations to have a well-versed knowledge of other countries culturally, socially, and economically. This, of course, has to be accomplished through language.

The attitude toward foreign language learning on the part of American students is mainly based on *practicality*. This means that they put a high value on usefulness. On the other hand, the focus is not necessarily on practicality or usefulness for Japanese students. They have a tendency to look at it as a way of life: not as a second language as such, but as a way of expanding their minds, I suppose. In terms of the length of time, in the case of English, Japanese students would have studied it for at least six years by the time they graduate from high school. Eight or ten years or more if they are college graduates. However, their American counterparts are not as willing to learn a foreign language. They are not comparable with Japanese students in terms of the length of time spent studying languages.

According to the latest report, the percentage of students who take up a foreign language is declining in America. As a result, the U.S. Department of Education is trying to stimulate students' interest in learning foreign languages.

Today, as it has been often said, there is a much larger communication gap between the U.S. and Japan, and who better than university students to assume leading positions and contribute to closing this gap?

【語　句】

in principle 主義として，原則の問題として　for the benefit of …のために　well versed in... （学問，技術などに）精通して，造詣が深い　practicality 実用主義　have a tendency to do …する傾向がある　as a way of life 道(どう)として　expand one's minds 思考範囲を広げる　counterpart 相当する［人］　be comparable with …に匹敵する，肩を並べられる，同程度の　the Department of Education アメリカの教育省　contribute to …に貢献する

【日本語訳】

言語学習に対する大学生の学習態度：日米比較

　外国語学習は，日米双方の大学生にとって原則的には必要とされています．それは，彼等は指導的地位を担い，それぞれの国のために貢献する次の世代を担う人達と見られているからです．それに外国との関係において，他の諸外国について，文化的，社会的，経済的に良く通じた知識を持つことは重要だと考えられています．これは，当然のことながら，言語を通じて成し遂げられなければなりません．

　アメリカの学生の外国語学習における態度は，もっぱら「実用主義」に基づいています．これは実用性に重きを置いていることを意味しています．それに対して，日本の学生にとっては，関心の的は必ずしもその実用性にあるわけではありません．彼等は外国語学習を道(どう)として見る傾向があります．つまり，第二言語としてではなく，思考範囲を広げる手段として見ていると思われます．英語の場合，日本人学生は，それに費やす時間の点から言えば，高校卒業までに少なくとも6年間学んでいることになります．大学卒業までに8年間，あるいはそれ以上勉強しています．ところが，アメリカの学生は外国語を学ぶのに積極的ではありません．彼等は，外国語学習にかける時間という点からは日本人の学生とは比べものになりません．

　最新の報告によれば，アメリカでは外国語を履修する学生の割合は減少しており，アメリカの教育省は，外国学習に対する学生のやる気を刺激しようと努力しているということです．

　今日，よく言われることですが，日米間の大規模なコミュニケーションギャッ

プがあると取り沙汰されていますが，大学生以外にだれがその指導的立場を取り，この目的を促進するため貢献できるでしょうか．

【役に立つ表現】

1. on the other hand

　I am very happy about being a student, but on the other hand I want to be free from schoolwork.
　私は学生であることに満足していますが，その一方で学業から逃れたい気持ちです．

2. not A but B

　I did not treat her as a girlfriend but as one of my colleagues.
　私は彼女のことを恋人ではなく，一人の同僚と扱っていました．

3. however

　He is a very brilliant student. However, he is often late for school.
　彼は大変優秀な学生です．しかしながら，よく学校に遅れます．

4. (be) comparable with...

　In terms of physical size, they are comparable with monkeys in Asian countries.
　体格に関して，それらはアジアの国々に住む猿と類似しています．

【本　文】その 2

What compares with the intestines?

　Despite their obvious differences, the intestines of human beings and the roots of trees are biologically closely related. The basis for that relationship is that both are the source of nutrition and energy. Without the roots which grow under the ground, trees would be unable to grow larger, higher, taller or keep an upright position. Human beings, too, for that matter, have a useful counterpart. Without the intestines, they would not be able to walk, run or lead a normal life.

　More important, without them, their brains would not work as they do now. That is to say, both the intestines of human beings and the roots of trees are part and parcel of a nutrition and energy system. The root enables the trees to support the trunk and branches, while the intestines enable human beings to develop an efficient working brain and physical fitness.

【語句】

intestine(s) 腸　nutrition 栄養　for that matter それに関しては　part and parcel of … の本質的〔不可欠〕な部分　physical fitness 体力

【日本語訳】

人の腸は何にたとえられるであろうか？

　明らかな違いにもかかわらず，人の腸と木の根は生物学的見地からすると，密接に関連しています．その関連の基になっているのは，人の腸も木の根も栄養とエネルギーの源だということです．地中にはえている根がなければ，大きくなりませんし，背も伸びません．また，直立の姿勢を保つことができません．人についても，それについては，同じことが言えます．同じように有益な役割をするのが，人の腸です．

　腸がなければ，歩くことも，走ることも通常の生活を送ることもできないでしょう．

　もっと大切なことは，腸がなければ，人の脳は今働いているように機能しなくなるでしょう．すなわち，人の腸と木の根は，両方とも栄養およびエネルギーシステムの本質的な部分だということになります．木の根は，幹と枝を支えることになり，それに対して腸は効率のよい脳の働きと体力の維持を可能にするのです．

【役に立つ表現】

1. more important

　　More important, English is one of the most useful tools of communication in the world.
　　さらに重要なのは，英語は世界で大変役に立つコミュニケーションの手段の一つであるということだ．

2. while

While his answer was seemingly yes, actually it was not.
彼の返事は見たところではイエスだったが，実際はノーだった．

【発展演習問題】
　東京と英国ブライトンの天候について比較・対比して書いてみましょう．

【手　順】
1. 序論：東京とブライトンの緯度を最初に紹介し，天候の話のきっかけを作ります．
2. 本論（支持文）：
　　・7月の天気を比較，対比という視点から見ていきます．
　　・緯度の違いを強調し，天候に及ぼす影響はあるのか見ていきます．
3. 結論（まとめ）：
　　・類似点，相違点をまとめます．

【キーワード】
天候 weather　類似点 similarities　相違点 differences　比較する compare　対比する contrast

【できあがりまでの過程】
1. まず，東京，ブライトンの位置関係を明確にします．緯度で簡単に確認してみます．その上で，両者に見られる際だった違いに注意してみます．

　Brighton is located at a latitude of approximately fifty degrees north, whereas Tokyo is situated at a latitude of approximately thirty-six degrees north. This means Brighton is nearly ten degrees north of Tokyo. What a difference this is!

2. 両者の7月のある1週間の天候，気温などについて比較，対比という視点から検討していきます．比較・対比していく中で，特筆すべき点があれば，それらに触れて解説を加えます．

Since I am writing this passage on 23rd of July, I will make a comparison and contrast between the weather forecasts for Tokyo and Brighton, Britain starting from 24th of July through to 27th of July.

The Meteorological Agency says we will have cloudy days for this week. However, Tuesday is an exception. We will have a sunny day on that day.

The expected minimum low temperature will be 23-24 degrees centigrade, while the expected maximum temperature will be 27-30 degrees centigrade. On Tuesday, we expect to have 31 degrees centigrade.

In Brighton, Britain, on the other hand, "BBC Weather" reports that they will have sunny intervals on Tuesday, a cloudy day on Wednesday, light showers on Thursday and sunny intervals on Friday.

The expected minimum temperature will be 14-16 degrees centigrade. And the expected maximum temperature will be 19-23 degrees centigrade.

Now you see a similarity in weather between Tokyo and Brighton. It is a wonder to have this kind of similarity between the two places where there's much difference in latitude. Do you remember, as I mentioned before, Brighton is located at a latitude of approximately fifty degrees north whereas Tokyo is at a latitude of approximately thirty-six degrees north?

3. 再度類似点，相違点のあるなしに触れて，全般的な気象の特徴についてまとめていきます．

Usually the difference in latitude makes a lot of difference in weather, but this is not the case between Tokyo and Brighton. Why does this happen in this case? The answer lies in ocean currents. Because of the warm ocean currents, the temperature of seawater is rather mild. This is why the weather in Brighton is rather mild.

Now that we have taken a look at the weather and latitude in Brighton and Tokyo, we can find a similarity in the weather, which is presumably a new discovery to every one of us.

【その他の役に立つ表現】

1. alternatively もう一つの方法として，あるいは

   I could phone you, or alternatively I could come and see you at your office.
   お電話を差し上げることができますし，あるいは直に会社でお目にかかれます．

2. and yet それにもかかわらず

   I do not like my boss, and yet I have to work under him.
   上司は好きではありませんが，彼の元で働かなければなりません．

3. but であるが

   This job takes a little while to learn, but in another two weeks you will have the knack of it.
   この仕事は身につけるのにしばらく時間がかかるけれども，あと2週間もすれば要領がわかりますよ．

4. conversely 反対に

   I like summer very much, conversely my brother likes winter.
   私は夏がとても好きなとは反対に，弟は冬が好きです．

5. even so たとえそうであっても，だとしても

   She is rich enough to buy anything. Even so, she doesn't feel she is happy.
   彼女は何でも買えるほど裕福であるが，幸福だとは感じていません．

6. for all that それにもかかわらず，それでも

   Sometimes he performs very poorly on the stage, but for all that he is a good actor.
   彼は舞台で時々下手な演技をすることがあるが，それでもいい役者だ．

7. instead 代わりに，それどころか

   He did not find a job, but instead he started doing voluntary work.
   彼は何も職に就いていなかったが，代わりにボランティアの仕事をしていました．

8. nevertheless それでもなお，それでもやはり

   I am so tired, nevertheless I must stay up late to work.
   大変疲れているが，（仕事で）遅くまで起きていなければならない．

9. nonetheless それにもかかわらず

   What he said was not consistent, but it was nonetheless true.

   彼の言ったことはつじつまが合っていなかったが，それでもやはり事実であった．

   I must pay compensation. Although an accident, it was, nonetheless, my fault.

   賠償金を払わなければならない．事故であったとはいえ，自分の過失であったことには変わりない．

10. notwithstanding それにもかかわらず，やはり

    She was very beautiful notwithstanding the freckles on her face.

    彼女はそばかすがあったにもかかわらずとても美しかった．

＊similarities を表す表現

1. as well as

   She can sing as well as Kenji.

   彼女は健二と同じくらいうまく歌が歌える．

2. also

   Brighton also has a rainy spring season.

   ブライトンにも梅雨の季節があります．

3. as well

   Brighton has a rainy spring season as well.

   ブライトンにも梅雨があります．

4. be comparable with

   In terms of its shape, a blood vessel is comparable with a hose.

   形から言うと，血管は水道のホースにたとえられる．

5. be similar to

   Spring weather in Brighton is similar to that in Tokyo.

   ブライトンの春の天気は東京のそれと似かとよっている．

6. both A and B

   Both Brighton and Tokyo have rain in spring.

ブライトン，東京とも春には雨が降ります．

7. by the same token

I must say that we must reject the proposal by the same token.

その申し出を同じ理由で拒否すべきだと言わざるをえない．

8. have something in common

We could say that A and B have something in common.

AとBには共通点があると言える．

9. in a similar fashion

Carry out this task in a similar fashion.

同じやり方でこの仕事をやってください．

10. in the same way / in the same manner

You can do that in the same way.

同じ様にしてください．

11. in (by) comparison

By comparison, these two social phenomena have something in common.

比較すると，これらの2つの社会現象には共通点が見られます．

12. likewise

Likewise, this species has also been facing the danger of extinction for some time.

同様に，この種もここしばらくの間絶滅の危機にさらされています．

13. most important

Most important, he knows the fact.

最も重要なのは彼がその事実を知っているということだ．

14. similarly

Since they have agreed and, similarly, so should we.

彼等が同意したのだから，私達も同様に同意しなければいけない．

15. the same as

Your story is the same as mine.

あなたの話は僕のと同じだ．

＊differences を表す表現

1. differ from

    Ways of living differ from country to country.
    国によって生活の仕方は異なるものだ．

2. in contrast

    We had 100 applicants last year. In contrast, we had only 25 applicants this year.
    昨年は応募者が100人あった．それにひきかえ，今年はわずか25人であった．

    He is a very quiet person. In contrast, his wife is very lively and talkative.
    彼は物静かな人だ．それにひきかえ，彼の妻は活発でおしゃべりだ．

3. on the other hand

    On the other hand, most of the teachers did not agree with that proposal.
    他方では，その申し出に対して多くの教員は同意しなかった．

4. instead / on the contrary / contrary to

    How about going to the zoo instead?
    代わりに動物園に行きましょう．

    You seem to be in trouble. On the contrary, I am all right now.
    君は困っているようだね．そんなことはありません．今はもう平気です．

    Contrary to my expectation, he failed on examination.
    彼は私の予想に反して試験に落ちてしまった．

5. while / whereas

    While it is possible to make a lot of money from stock investments, investing always carries a lot of risks.
    株式投資によって大金を稼ぐことはできるが，常に危険を伴っている．

    My wife works in the factory, whereas I am a house husband.
    私の妻は会社で働いているが，私は主夫をしている．

6. unless

    You won't be able to get a good job unless you get a higher education.
    高等教育を受けなければ，ろくな仕事にありつけません．

7. although / but / even though / however / yet

Although he is only ten years old, he is already a full-fledged college student.
彼は10歳だが，れっきとした大学生だ．
Some students are not much good at schoolwork but they are good at sports.
学業にかなり不得意な生徒が中にはいるが，彼らはスポーツに秀でている．
Even though he was rich, he was not happy at all.
彼はお金持ちであったにもかかわらず，決して幸福ではなかった．
She is a rare beauty, isn't she? However, beauty is only skin-deep.
彼女は絶世の美人だね．でも，容姿で人は測れないと思うよ．（美貌も皮一重）
You say I am a brilliant scientist, yet I hear people say you speak ill of me behind my back.
君は僕のことを有能な科学者だというけれど，私のいないところで陰口を言っているね．

8. conversely / rather / unlike

I like winter, conversely my wife likes summer.
私は冬が好きだ．反対に妻は夏が好きだ．
You should not bake the potatoes, rather you should steam them.
ポテトは焼くのではありません．それどころか，蒸した方がいいです．
Unlike beef, chicken is said to have little fat.
牛肉と違って，鶏肉はほとんど脂身がないと言われている．

9. nevertheless / nonetheless

He is not sincere, but I love him nevertheless / nonetheless.
彼は誠実ではありませんが，それでもなお私は彼を愛しています．

10. while this may be true

While this may be true, it would be premature to announce the final results.
これは真実だと思われるが，まだ最終的な結論を出すのは時期尚早である．

3. 分類 (Classification)

【本　文】　その1

Would you buy a mini-compact car or a sub-compact car...?

　Cars can be divided into four general types: the larger car—which has an engine of a capacity of 4 liters and which is larger than the Japanese standard; the compact car—which has a 2.6-liter-engine corresponding to the Japanese medium-sized car; the sub-compact car—which has a 1.8-liter-engine corresponding to the Japanese small car; and the mini-compact car—which has a 1.2-liter-engine. This last type, designed for use by the general public has an engine usually one-third to one-fourth the size of the engine of a large car. This helps to reduce the rate of gasoline consumption, which means more mileage per liter. Presently, drivers are conscious of rising oil prices and long for a good "pick-up" car, so consequently they should use the mini-compact car.

【語　句】

divide（物を…に）分ける，分割する　　correspond to... …に相当する　　sub-compact car（米）準小型自動車　　the general public 一般市民　　gasoline consumption ガソリン消費量　　mileage 燃費　　be conscious of... …に気づいている　　"pick-up" car 無蓋の小型トラック　　consequently 結果として，したがって

【日本語訳】

　　　　　　お目あての乗用車はどれになさいますか…？

　車の型は，おおよそ4つの一般車輛に分類することができます．すなわち大型車（排気量4リットルは日本の標準より大きいと思われます），小型車（排気量2.6リットルは，日本の中型車に匹敵する車です），準小型車（排気量1.8リットル日本の小型車に相当），軽自動車（総排気量1.2リットルの日本の小型車に相当）があります．この最後のタイプの軽自動車は，一般大衆向けに設計された車で，ガソリン消費量が通常の場合で大型車の3分の1から4分の1で済むエンジンを搭載しています．つまり，リッターあたりの燃費がよいということで

す．目下の所，運転手はガソリンの値上がりが気になっており，また良い無蓋の小型トラック（ピックアップ）が欲しいと強く望んでいることもあってか，その結果，軽自動車を使用することになります．

【役に立つ表現】
1. (be) divided into...
    The class was divided into four groups for group work.
    クラスはグループワークをするのに4つに分割された．
2. type
    This type of car is equipped with the latest technology.
    ここにある車種には最新の技術が搭載されています．

【発展演習問題】
　英語スピーチにはいくつか種類があります．それらを働き，機能，目的に応じて分類してみましょう．この時，どのように説明すれば良く理解してもらえるか考えることが必要です．

【手　順】
1. 序論：英語スピーチはそれぞれの機能に応じておよそ4種類に分類することができることを述べる．
2. 本論
    ・相手を楽しませるスピーチ（Speech to Entertain）とは何か述べる．
    ・相手に情報を伝えるスピーチ（Speech to Inform）とは何か述べる．
    ・相手を説得するスピーチ（Speech to Persuade）とは何か述べる．
    ・相手に行動を起こさせるスピーチ（Speech to Actuate）とは何か述べる．
3. 結論（まとめ）
    スピーチの種類とそれぞれの特徴をまとめる．

【キーワード】
序論 introduction　本論 body　結論 conclusion　…によって分類される be

categorized by, …に分類する divide into, divide into classes 　（他動詞）…を分類する categorize, class, classify

【できあがりまでの過程】

1. スピーチをする際にはやみくもにするのではなく，スピーチの種類をその目的に応じて決める必要性から，分類する意味を強張します．

　　When you try to speak in front of an audience, you have to think about four forms of delivering a speech and four purposes (This is often called General Purpose).

　　Those forms of a speech are : (1) impromptu speech; (2) extemporaneous speech; (3) manuscript speech; (4) memorized speech. When it comes to purposes, they are : (1) Speech to entertain; (2) Speech to inform; (3) Speech to persuade; (4) Speech to actuate. All you have to do here is to think about the types of speech and then the general purpose of a speech.

2. スピーチの目的を4つに分類して提示します．

　　Here let me talk about the four purposes of making speeches in more detail. The first one is called "Speech to entertain." An example is an after-dinner speech. The purpose of this speech is to entertain people at a party as the name implies.

　　The second one is called "Speech to inform," which provides the audience with some information to help them understand what new products are or how useful new information is.

　　The third one is called "Speech to persuade." This is a kind of speech to persuade your audience to believe you by employing all possible means, evidence and opinions of specialists.

　　The fourth one is called "Speech to actuate." This literally means to inspire someone to action. For example, when you persuade someone to quit smoking, you urge smokers to stop smoking ultimately.

3. 2. で述べた4つの種類の特徴をまとめてみます.

Now you understand each purpose has its own feature. When you make a speech to entertain, the important thing is to loosen up the atmosphere and make merrier and merrier at a party or in an occasion like this.

When you make a speech to inform, you are giving an explanation to the audience so that they can appreciate pieces of information given in an appropriate manner.

In the case of a speech to persuade, persuasion carries a lot of weight because you have to convince the audience with proper reasoning and thinking.

When you make a speech to actuate, the most important thing is to let an audience understand what you are trying to get at and then let them move into action.

With these things in mind, you will be able to convey your messages perfectly in each case. When you deliver a speech of any purpose, you are getting across your message to the audience.

【その他の役に立つ表現】

1. The first (second, third) kind ...
   最初（2番目, 3番目）の種類は…
2. The first (second, third) type ...
   最初（2番目, 3番目）のタイプは…
3. The first (second, third) group ...
   第1グループ（第2グループ, 第3グループ）は…

【本　文】　その2

"A Literary Fortune"

Suppose you had the special right for choosing one hundred books for a library of your own, what sort of books would you pick? Would they be fiction or nonfiction? Would they be sea stories, animal stories, mystery tales, love stories, or biographies, when you classify books according to the different genres of literature?

As for me, in the order of the strength of my preference, they would be biographies, love stories, mystery tales, animal stories and sea stories: whether they are fiction or nonfiction.

In biographies, you can discover people of different walks of life, of many different cultures and backgrounds: the way he or she led his or her life, or the way he or she felt. You can follow the way he or she looked at life.

In love stories, you can find interesting stories of fascination as beauty, delicate shades of emotions, and soft whispers of love.

In mystery tales, you can feel the distressing vibrations of shrieks, creaking sounds of doors, and flapping sounds of windows. You can enjoy the virtual and suspense terror.

In animal stories, you can learn of the life and death of animals, have warm encounters with animals, and animals in the wild.

In sea stories, you can feel the bravery of sea men, the spirit of challenge of crew members, the romance of the sea and so forth.

We have a good literary heritage in the form of books, which have been handed down from one generation to another; some of it from long ago, and some from relatively recent years. It is not to be kept just on the book shelves, but also in your hearts to appreciate the inherited fortune—a literary fortune.

【語　句】

as for me 私の場合，私としては　preference 好み　people of different walks of life 人々の異なる職業　fascination 魅力，魅惑　shades of emotion 感情のあや　distressing 悲惨な　an encounter with... …との出会い　spirit of challenge チャレンジ精神　literary heritage 文学的遺産　in the form of... …状の，…の形式で　hand down from generation to generation 代々伝える　appreciate 真価を認める，…を理解する

【日本語訳】

「文学的財産」

　仮に100冊の本を自分の蔵書として選ぶという当然の権利があったとしたら，皆さんはどのような書物を選びますか．それらはフィクションでしょうか，それともノンフィクションでしょうか．それらは海洋小説，動物物語，推理小説，恋愛小説，それとも伝記物でしょうか．

　私の場合，自分の好みからいえば，フィクション，ノンフィクションにかかわらず，それらは伝記物，恋愛小説，推理小説，動物物語，そして海洋小説の順になるでしょう．

　伝記物では，人々の異なるさまざまな職業や多くの異なる文化や経歴を目の当たりにすることになります．すなわち，彼等が自分たちの人生をどう生きたか，あるいはどのように物事を感じ取ったのかということです．皆さんは，彼等がどのような人生を見つめてきたのか辿ることができます．

　恋愛小説では，繊細な美しさ，微妙な感情のあや，愛のささやきなどの心に響く魅惑のエピソードを発見することができるでしょう．

　推理小説では，悲惨なまでの悲鳴の鳴り響く音，ドアのきしむ音，あるいはパタパタする窓の音を感じ取ることができます．仮想の世界やハラハラドキドキの緊張感を楽しむことができます．

　動物物語では，動物の生と死，心温まる動物との出会い，野生の動物について発見することになります．

　海洋小説では，海の男の勇敢さ，乗組員のチャレンジ精神，海のロマンスなどを感じ取ることができます．

　私達は，代々伝えられてきた，本の形をした文学的遺産を所有しています．そのいくつかは大分前のものであったり，またあるものは比較的最近のものであったりします．それはただ書架に保管されているだけではなく，受け継がれてきた財産，つまり文学的遺産の真価を認めるために，それらが常に心の中に浮かんでこなければいけません．

【役に立つ表現】

1. classify... according to the different genres of ...

Will you classify these scores according to the different genres of music?
音楽のジャンルによってここにある楽譜を分類してください.

2. in the order of age

Here you are supposed to sit in the order of age from the oldest to youngest.
ここでは一番年上の人から着席することになっています.

【発展演習問題】

近くのコンビニをサービスの質によって区別,評価してみよう.

【手　順】

1. 序論：数種のコンビニを選び,格付けをし,評価を加える.
2. 本論：Aコンビニ,Bコンビニ,Cコンビニという具合に,詳細にわたってそれぞれをサービスの質という観点から示し,格付けをする.

Convenience store A is ...

Convenience store B is ...

Convenience store C is ...

3. 結論：サービスの質という点から,格付けをしたものをまとめる.

【キーワード】

格付け grading, rating　評価をする make an evaluation　サービスの質 quality of service 〔【略】QOS〕サービスの質を向上させる enhance the quality of services

【できあがりまでの過程】

1. 選択したコンビニの選んだ理由と意味を紹介する.
　（距離的な便利さや,扱っている商品の豊富さ,お弁当の新メニューがあるかどうかの物差しを使って）

The three major convenience stores in the Kanto area are as follows: Store A, Store B and Store C. The reason why I have chosen those three convenience stores is that they are highly accessible by bicycle. The more accessible a store is, the more often you may drop in every day. However, there is more to it. A wide variety of articles for sale serves as a point of reference. Also fully stocked box lunch features high on my list of priorities. And there's more.

2. 選んだ3つのコンビニを，サービスという点から分類，格付けを行う．

What do you expect salesclerks to do in terms of service? Do you expect them to give a good impression to you when you enter a convenience store? Or do you expect them to greet you at the entrance? Or what do you expect them to do in the store?

分類 → I have five criteria for judgment in terms of quality of service.
(1) if they strike up a friendly conversation,
(2) if they have progressive programs for employee,
(3) if they offer a Reward Card,
(4) if there are some bargain days,
(5) if they install an automated teller machine (ATM).

With these criteria in mind, if I assign the grades, convenience store A comes first, followed by convenience store C. The last is convenience store B.

3. 格付けの結果をまとめていきます．

The results of the grading are as follows:
(1) Convenience store A comes first because it has fulfilled the conditions of the above five criteria.
(2) Convenience store C is ranked second because it has fulfilled three of the above the criteria.
(3) Convenience store B is the lowest in rank because it has fulfilled only two criteria on the list.

【その他の役に立つ表現】

1. fall into... …に分類される，…に入る

Her piano music doesn't fall into any category.

彼女のピアノ曲はどの範疇にも入らない．

2. classify A into B　AをBに分類する

You are supposed to classify them into the mammal, bird and fish groups respectively.

哺乳動物，鳥類，魚類のそれぞれに分類してみてください．

3. classify ... under the following categories　…を以下の区分に分類する

We must classify the documents under the following categories.

次の分類区分に従って書類を分類しなければいけない．

4. classify ... according to（whether）...（かどうか）によって分類する

Those slides should be classified according to the topic.

これらのスライドは表題によって分類しなければならない．

5. The first (next, last) group (category) includes...　最初の（次の，最後の）区分は…が含まれる

The first category includes movies of Asia.

最初の区分にはアジアの映画が含まれます．

6. We have type that...　…のタイプがある

A: Do you have a necktie which goes with my blue jacket?

B: Yes, we have type that goes with your jacket.

A: このブルーのジャケットと合うネクタイはありますか．

B: いらっしゃいませ，お客様のジャケットとお似合いのネクタイがございます．

4. 因果関係 (Cause and Effect)

【本　文】　その1

By action, character or atmosphere?

It has often been said that America is characterized by action, Europe by character, and Japan by atmosphere. In the field of the film industry, for example, this is largely true.

It is true in the theater and in films in Japan. People do not really want to go to films to think intellectually about certain problems. Therefore, I have a feeling that they go because they want to have a good cry or a good laugh, or I think these kinds of basic emotions are what the average film audience is after. I think that the average film audience is after this everywhere, but presumably there's something different in foreign countries. I think that there is a large intellectual film audience as well in Japan, but it seems to me that not many people want to think about films intellectually in Japan. The reasons for this are many. One of the reasons is that the film-audience is very young, and are mostly teenagers.

【語　句】

intellectually 知的に, 理知的に　I have a feeling that... =I feel... …のような感じがする　presumably たぶん, おそらく

【日本語訳】

行動, 役柄それともムード？

　アメリカは行動に, ヨーロッパは役柄に, そして日本はムードに特徴づけられているとよく言われてきました。このことは映画産業界に特に顕著に見られます。

　これは日本の演劇や映画の世界に当てはまります。人々は本当にある問題について知的に考えるために映画を見に行くことはありません。ですから人々は泣いたり思い切り笑ったりするために映画を見に行くのではないかと感じます。また, 一般的な映画の観客は, このような基本的な感情を求めて映画を見に行く,

という風にも言えると思います．どの国でも，一般的な映画の観客は，このような感情を求めて映画を見に行くのだと思いますが，外国ではどこか趣が異なると考えています．むろん日本にも知的な映画の観客がたくさんいると思いますが，知的に問題を考えるために映画を見る人は余り多くないのではないかと思われます．この理由はたくさんあります．その理由の一つには，映画の観客が非常に若いということと，彼等がたいていの場合10代の若者であるということです．

【役に立つ表現】

1. because（原因）

The store is closed down because the proprietor has sold it for financial difficulties.

その店舗は，経営者が経営難に陥り売りに出したため閉店となった．

2. therefore（結果）

These new cars are extremely safe and are therefore very expensive.

今度発売になった新車はかなり安全性が高い．したがって値も張る．

【その他の役に立つ表現】

（原因を導くつなぎの言葉）

1. due to

Due to heavy rain, the open-air concert was cancelled.

大雨のため，野外コンサートは中止となった．

2. first, second, ... next

First (Second, Next), because of that, I think we can call her a brave person.

最初に（2番目に，次に），彼女を勇気のある人だと呼ぶことができるのはそのためだと思います．

3. for

She found it very difficult to read small prints, for her eyesight was beginning to fail.

彼女は小さな文字を読むのがとても難しくなったと気づいた．それは彼女の

視力が衰え始めてきたせいによるものだった．

4. one cause has something to do with ...

One cause has something to do with the drift of the tide.

1つの原因は潮の満ち引きと関係があります．

5. since

Since he was just out of college, he had to go through some hardships in his career.

大学を出たばかりだったので，仕事でつらい思いをした．

【本　文】　その2

Groupism

　We Japanese are a group-oriented people. The impact of this on our behavior has enriched our way of life. Everybody sticks together to do things. It is very nice when you are just starting out in a career or a project. With everybody sticking together helping you; you feel secure. To top it all off, you feel a sense of camraderie.

　In terms of competition, Japan is a much more friendly society than America. So living in Japan gives the feeling of belonging to a small community, or society, if I can call it that. But on the other hand, you may find it very difficult to break away and have your own identity. If you want to create a career, you may have many drawbacks.

　Because what counts most in Japan is not to defeat your opponents by all means, but to learn to live with them gracefully. In short, it is very difficult for the Japanese to have it both ways.

【語　句】

group-oriented 集団志向の　stick together いっしょにいる　start out in a career 仕事を始める　feel secure 安心する　to top it all off しかもその上に，なおその上に　camraderie=comradery 仲間意識，友情　on the other hand 逆の見方をすると　break away (…と) 縁を切る　count 価値 (重み) がある

by all means ぜひとも　gracefully 潔く　have it both ways 両立させる，(欲張って) 両方とる

【日本語訳】

集団主義

　私達日本人は集団志向型です．私達の行動にこれが及ぼす影響は，私達の生き方を豊かなものにしてきました．だれもがあれこれするのに一緒にします．これは私達が仕事やプロジェクトを始めるときに有効に働きます．だれもが一緒になって相手を援助するので，安心です．しかもその上に，仲間意識を感じることになります．

　競争という点から見ると，日本はアメリカのそれと比較すると，人間関係がはるかになごやかな（友好的な）社会ではないでしょうか．したがって，日本に住むことは，ある種小さな地域社会，あるいは社会（もしそう言わしていただければ）に自分が属しているという感覚を感じ取ることができると言えます．しかし，逆の見方をすると，周りとの関係を絶って自分を見いだすのは難しいかも知れません．もし自分の力で勝ち抜くなら，多くの不利な点があるかもしれません．

　なぜならば，日本では是が非でも相手を押しのけて出世するのではなく，相手と潔く暮らすことに価値があるからです．要するに，日本人にとって欲張って両方をとることはなかなか難しいことになります．

【役に立つ表現】

1. so

　　I had a high fever, so I could not attend school.
　　高熱がでたので学校を休んだ．

2. because

　　She left school early because she felt ill.
　　体調が優れなかったので彼女は早退した．

3. in short

　　In short, he insisted that more money should be spent on education.
　　要するに，彼は教育にもっとお金を使うべきだと主張したということだ．

【発展演習問題】

子供達の学力の低下が論議されています．どのような原因が考えられるでしょうか．学力とは何かの原点に戻りながら，その根本的な問題を考え直して見ましょう．

【手　順】

1. 学力の低下はなぜ起きたのでしょう．その直接的原因はどこにあるのでしょうか，考えてみましょう．
2. 原因を追究して，問題の所在を明らかにしましょう．
   - 学習時間の短縮化（→学校週5日制）
   - 自己学習時間の大幅な減少
   - 学習内容の精選によってもたらされた学力の低下

【キーワード】

学校週5日制 five-day school week　カリキュラム編成 curriculum design　文部科学省 Ministry of Education, Culture, Sports, Science and Technology　（略 MEXT）文部科学省学習指導要領 ministry's curriculum guidelines　中央教育審議会 Central Council for Education　教育の根幹 essential part of education　国家百年の大計をたてる establish a national policy on a long-range basis　国家の威信 national prestige　教師の力量を問う test the teacher's ability　教師の授業能力を高める improve the teaching ability of teachers　学力低下 decline in academic ability　習熟度別授業 proficiency-dependent teaching

【できあがりまでの過程】

1. 学力低下は何によってもたらされたのか調べてみましょう．

It is often argued that a decline in academic ability among schoolchildren has been caused by a five-day school week. Another idea which has stood out in this kind of argument is that the ministry's curriculum guidelines have made the present situation worse. Children don't have enough time to learn the fundamentals. We do not know the concrete reason why this has happened in recent years, but I believe the root of the matter has something to do with curriculum design. Let me investigate the cause of this phenomena and what we can possibly do about it.

2. 主な原因を絞って記述し，その因果関係を明確にしてみましょう．

The reasons why we have a decline in academic ability and a shortened learning time are twofold. One is a five-day school week and the other is the duration of self-learning. Since the five-day school week started, time spent on the fundamentals has been shortened and therefore students do not have enough time to learn them. In addition to this, a new curriculum design has brought about a change in the balance of the fundamentals laid down by the Ministry of Education, Culture, Sports, Science and Technology. It is said that the contents of the former ministry's curriculum guidelines have been eliminated by 30 percent from the former guidelines. As a result of this, schoolchildren have learned less entries than before.

3. 文部科学省は，今後どのような対策を講じていこうとしているのか，概略を述べてみましょう．

First, MEXT has suggested that elementary school teachers conduct classes on Saturdays depending on the situation in the school. This means that they could increase the number of school days and decide what to do with the extra lessons depending on the situation in the school.

Second, they could think flexibly about teaching strategies based on the guidelines (ministry's curriculum guidelines) and give students lessons beyond the scope of the present curriculum guidelines. This means to demonstrate flexibility in choosing developmental learnings and let students learn them under defined standards of the curriculum guidelines, if need be.

【その他の役に立つ表現】

＊結果を導くつなぎの言葉

1. accordingly

　Job opportunities for people in their 40s are getting less and less. Accordingly, his company, which has a mid-career recruiting system, receives resumes for every job opening.

　40代ともなると仕事の口が年々少なくなっているのが現状だ．その結果，中途採用制度を取り入れている彼の会社にはどの職種の欠員にも応募者が殺到する．

2. as a consequence

　The spilt water seeped through my notebook computer. As a consequence, I had to pay good money for a new one.

　ノートパソコンに水がこぼれて染み込んでしまった結果，大枚をはたいて新しいパソコンを買わなければいけなかった．

3. as a result

　He had a traffic accident. As a result, he was taken to the hospital by an ambulance and hospitalized.

　彼は交通事故に遭った．その結果，救急車で病院に搬送され，そのまま入院した．

4. consequently

　I had done a lot of job interviews, so consequently, I had good job opportunities.

　面接試験をたくさん受けていたので，その結果として就職の機会に恵まれた．

5. for this purpose / for this reason

　He asked the bank for seed money to start a new business, but he failed. For this purpose / For this reason, he had to go to the city office to make an appeal directly.

　彼は新しいビジネスを始める資金のために銀行にかけあったが，失敗した．このため彼は役所に行って直談判をしなければならなかった．

　He went to the city office for the purpose of appealing against his traffic ticket.

彼は交通違反呼び出しカードの不服の申し立てをするために市役所に出向いた．

6. hence

The cost of education is a major expense for national finances. Hence the cut in education spending is an important consideration.

国の財政に占める教育費の割合はかなり大きい．その結果，教育費の予算削減は考慮すべき重要なこととなっている．

7. one result is that ...

One result is that people take it for granted that we think freedom of speech is guaranteed by the Constitution.

その結果の一つとして言えるのは，我々は，言論の自由は憲法で保証されていると当然のことと考えているからです．

8. resulted in ...

The terrible wind of the hurricane resulted in a great number of casualties in that region.

ハリケーンのすさまじい風はその地域で多くの死傷者をだした．

9. then

Then, he got into financial difficulties and as a result he declared himself legally bankrupt.

その結果，彼は財政困難に陥り自己破産してしまった．

10. thereupon

Thereupon the audience gave the guest speaker a standing ovation.

その後すぐに，聴衆は起立して特別講演者に拍手を送った．

11. thus

His statement does not have a leg to stand on. Thus, it would be impossible to prove him innocent.

彼の陳述書には拠って立つところがない．したがって，無実だと証明するのは不可能だと予想される．

12. to this end

We are demanding a more humane welfare policy from the government.

To this end, we must accept an increase in consumption tax.

我々はもっと血の通った政府の福祉政策を望んでいる．この目的のためには，消費税の値上げもやむを得ないと考える．

13. with this objective (in mind)

With this objective (in mind), we will have to reconsider the issue of a job-hopping part-time worker.

この目的を掲げ，我々はフリーターの問題を再検討してみなければいけない．

5. 例証 (Exemplification)

【本　文】　その1

TV shows off violent depictions carelessly

TV is, to a great extent, a useful tool to small children for the purpose of educating them. But there is a definite link between TV watching and the rising crime rate. For example, Dr. Thomas Elemendorf, a former president of the California Medical Association mentioned something to the effect that by the time today's youth are eighteen, they will have watched some 15,000 hours of television, but received only 11,000 hours of schooling. They will have seen 18,000 murders, and many other depictions of violent crime. This can be seen in the close linkage between the present rising crime rate and the massive overdose of violence in daily TV programming. What is worse, excessive TV watching cripples people's imagination.

As far as the movie industry is concerned, it has started to exercise a certain type of violence control recently. They have started to classify films for general audience, for parental guidance, and for children. This system should be applied to the TV industry as one of the alternatives.

【語　句】

to a great extent 大部分は，大いに　crime rate 犯罪率　the California Medical Association カリフォルニア医師会　depiction(s) 描写　overdose 過剰摂取

what is worse さらに悪いことには　cripple …を台なしにする　as far as …is (are) concerned …に関する限り　parental guidance（映画）子供には親の指導を必要とする映画　apply to... …に適用する，応用する

【日本語訳】
不本意なまでにテレビが見せつける暴力シーン

　テレビは，読み書きのできない子供達を教育するのに大いに助けとなります．しかし，テレビの視聴と犯罪率の上昇には明らかな関連性があります．例えば，カリフォルニア医師会のトーマス・エレメンドーフ医師は，「現代の若者が18歳になるまでに，15,000時間ものテレビを観ることになるが，学校教育はわずか11,000時間の授業しか受けない．それに18,000の殺人場面やその他多くの凶悪犯罪場面を観ることになる」といったようなことを述べたことがありました．このことを，現在の犯罪率の上昇と毎日のテレビ番組の膨大な過剰摂取との間の密接な関連に見いだすことができます．さらに悪いことには，過度のテレビの視聴は，人の想像力を台無しにしてしまいます．

　映画産業に関する限り，最近ではある種の暴力規制を加えています．映画を一般向け映画，保護者の付き添いが望ましい映画，それと子供向けの映画に分類しています．このようなシステムが一つの選択肢としてテレビ産業にも適用されるべきです．

【役に立つ表現】

1. for example（for instance, for one thing）
   I can play many kinds of sports, for example, soccer, basketball, volleyball, and baseball.
   私は多くのスポーツができます．例えば，サッカー，バスケット，バレー，野球などです．
2. this can be seen in ...
   The liver cells can be seen on the screen. This can be seen in detail using the diagnostic imaging system.
   肝細胞は画面上で確認できます．これは画像診断システムでよりいっそう詳

しく見ることができます．

【発展演習問題】
　日本の病院における「人間ドック」（comprehensive medical examination）について，その種類，オプション等について説明してみましょう．

【手　順】
1. 人間ドックとは何か，簡単に説明します．
2. その種類について説明します．
3. オプションについて説明します．

【キーワード】
人間ドックに入る go in for a complete medical checkup　オプションの種類 type of options　一泊二日の人間ドック overnight comprehensive medical examination　内視鏡を用いた胃の検査 examination of the stomach using a endoscope　胸部エックス線 X ray of the chest　超音波検査（エコー）echography　骨粗鬆症（こつそしょう）osteoporosis

【できあがりまでの過程】
1. 人間ドックとは何か，その目的を簡単に解説して良く理解してもらう．

　The purpose of going in for a complete medical checkup is twofold. One is to examine the physical and emotional well-being in general terms. The other is to have a more detailed examination such things as a gastrocamera, breast cancer check-up and osteoporosis.

2. 人間ドックの種類，オプションについて例を示して説明する．

　At any hospital where they offer regular health check-ups, they basically have one-day comprehensive medical examination and an overnight comprehensive medical examination. According to the number of days, they of course charge you extra money for medical examination and treatment.

Besides that, if you need to add some other options, you will need a sizable sum of money. Some options include breast cancer check-up, uterus cancer check-up, bone mineral analysis, and complete examination of the brain.

3. 人間ドックのまとめ．

A complete medical check up will give you the status of your health. Many common diseases such as cancer, many types of heart and lung diseases and some other serious diseases can be diagnosed. You should not take any risks of doing nothing to prevent your disease. All you have to do is to go and visit a doctor for an annual complete physical examination.

【その他の役に立つ表現】

1. an instance of this

   An instance of this is as follows:
   一つの事例は次の通りです．

2. as an illustration

   I am going to explain about the Japanese household appliance industry as an illustration of trade imbalance.
   貿易不均衡の一つの事例として，日本の家電業界についてこれからお話しいたしましょう．

3. in particular

   I like all kinds of Japanese food, in particular sukiyaki and tempura.
   日本食ならどんなものでも好きです．とりわけ，すき焼きと天ぷらが好きです．

4. specifically

   We are talking about the annual plan for this year, specifically, the agenda for this coming general meeting.
   今私たちは，本年度の年間計画について検討しているところです．特に近々ある総会の協議事項を．

5. that is ...

English is taught by the grammar and translation method in Japan, that is, using students' own language along with grammatical analysis.
日本では，英語は文法訳読式教授法で教えています．つまり，学習者の母語を使って文法の分析を通して教えています．

【本　文】　その２
Who are you? Identify yourself, please.

A student's identification number consists of eight digits. To illustrate this, in his case, it reads 2/13/78/007. The first digit indicates that he is a student of "nibu" which literally means the second department at the night school. The next two digits refer to the department and the major he belongs to. The fourth and fifth digits stand for the year of college entrance, which in this case was 1978. The last set of three numbers indicates his personal code number. Truly, his numerical name (ID number) has been a headache up until quite recently. As far as he was concerned, he was not able to remember it well, because he is bad at remembering figures.

But the very last set of three numbers is an exception, because it has a nice ring to it. Coincidentally, they also happen to be the same numbers James Bond uses to identify himself in his movies. Now when he is asked to say his ID number, he can do so with confidence.

【語　句】
identification number 身分証明書番号　digit(s)（数字の）桁　literally 文字どおりには　code number コード番号，暗証番号　truly 実のところ，正直なところ　a headache 頭痛の種，悩みの種　be bad at... …に不得意な　ring 語呂，響き　coincidentally 偶然に一致して　with confidence 自信たっぷりに

【日本語訳】

どなたですか？　身分を明かしてください

　学生の身分証明書番号は8桁の数字です．実例で示すと，彼の場合，2・13・78・007と読めます．最初の桁は彼は2部の学生であることを表しており，文字どおりの意味は夜学，第2部の学生だという意味です．次の2桁の数字は，彼が所属する学部と専攻する学科を示しています．3番目の2桁は入学年度の数字を表しています．この場合，1978年度です．最後の3桁の数字は彼のコード番号を表示しています．実のところ，数字で示された名前（身分証明書番号）は，つい最近まで彼にとって頭痛の種でした．彼に関する限り，それをうまく覚えることができませんでした．なぜならば，彼は数字を覚えるのが得意ではなかったからでした．

　しかし，一番最後の3つの数字は例外でした．なぜならばそれは語呂がよくて，その3つの数字はジェームズ・ボンド主演の映画「007…」と偶然一致していたからでした．そして今では，身分証明書番号を尋ねられると，自信たっぷりに答えることができるのです．

【役に立つ表現】

1. to illustrate this

　To illustrate this, I would like to refer you to Table 1.
　この点を明らかにしますので，表1をご覧ください．

2. in this case

　In this case, we should come up with some solutions.
　この場合には，いくつかの解決策が出せると思われる．

【発展演習問題】

　現在の服装規定の主なものについて新入生に対して説明してみましょう．各項目別の詳しい説明を具体的にしてみましょう．

【手　順】

1. 高校の校則の内，服装に関する規定（uniform code）について新入生に説明

していきます.
2. 規定の主な部分について理解が徹底できているか，確認しながら解説していきます.
3. 特に，夏服・冬服の別，校章，靴，鞄，スカート丈やワイシャツの色，女子のネクタイの色，靴下の色，等々について細かな規定を説明したあと，もれがないかどうか，周知徹底できているかどうか，最終的な確認をします.

【キーワード】

校則 a school regulation　丈，寸法 measure　服装 clothes　夏服 summer clothes　冬服 winter clothes　学生服 a school uniform　学生証 a student identification card　学生カバン satchel　ハイソックス knee socks, knee-length socks　ワイシャツ a shirt

【できあがりまでの過程】

1. 服装規定について，生徒手帳（student's handbook）を参照しながら主な点を説明します.

　　We have a very strict uniform code at our school. Students must abide by the rules of our school. Students can only dress according to the school's uniform code and have to live a healthy life and act right.

2. 次に，夏服，冬服について説明します．さらに上の手順を念頭に置きながらそれぞれの付随事項について細かいところまで説明を加えます．付随事項としては，①冬服時における校章，リボンについてなど，②夏服時における校章，バッジ等について触れていきます．

Uniform code for male students:
1. Wear a black stand-up collar school uniform and a plain white shirt.
2. In summer, should wear a plain white shirt or an open-necked shirt.
　　Avoid using a showy waistband. Wear plain socks.

Uniform code for female students:
1. Wear a school uniform with a tie on.

2. In summer, wear the usual blouse or half-sleeved blouse with no tie.

3. Wear white, black or dark blue socks.

   In winter, may wear black stockings.

For both male and female students:

1. Wear a black or dark blue coat in winter.

2. Don't wear a denim or leather windbreaker.

Additional Information:

1. School Badge:

   Wear a school badge on either school uniforms (in winter season) or a blouse or a white shirt (in summer season). Our school badge is made either of metal or from embroidered cloth.

2. Shoes:

   Wear plain shoes or sneakers. Avoid wearing bright-colored ones. Use indoor shoes recommended by school officials.

3. Hair:

   For boys,

   Avoid wearing hair long and no dying.

   For girls,

   No permed hair and no dying.

4. Satchel:

   Use a satchel or normal bag for either boys or girls. Avoid using showy ones. The size of the bag should be large enough to carry more than five B5 size notebooks.

5. Skirt length:

   The hem of the skirt must be either on the kneecap or a little above or below the kneecap.

3. 全体的なまとめとします。

   This is all about the uniform code of this school. Read this information carefully and see what you have to follow and try to understand some do's and don'ts at this school.

For more information, please contact YOO Senior High School.

【その他の役に立つ表現】

1. And as proof of…

   And as proof of guilt, the burden of proof is on the prosecution.

   有罪の証拠として，立証責任は検察側にある．

2. Remember…

   Remember the figures that I have presented to you.

   ここで先ほど私が示した数字を念頭に置いてください．

3. You only have to think of…

   You only have to think of it again as an example.

   もう一度それを一つの例として考えなければなりません．

6. 過程を表す文（Process）

【本　文】

Where does rain come from and go?

　Where does rain come from and go? Of course, rain comes from the heaven, viz. it falls from the sky and goes or rather drains through the earth to below the surface and falls into rivers and finally into the sea. But actually, strictly speaking, rain comes from sea water. Right? With the help of sunlight, sea water turns into vapor, rises high above the sea and becomes rain clouds. Here you see the cycle of rainfall starting from sea water, to vapor, then rain clouds, from rain and again to sea water. On the way back to rain's motherland, the sea, the rain does a number of useful things for both man and plants. Some of the rain seeps back into the earth and starts filling up dams from which we make the most of in the form of drinking water, irrigation and electricity. In due course, some of the rain again seeps back into the earth and starts filling up the rivers and the sea.

【語　句】

viz. すなわち，つまり　finally 最後に，ついに　strictly speaking 厳密に言えば　turn into …に変わる　vaporization 蒸発，気化　seep back into 再び浸透する，しみ込む　in the form of …上の，…の形をして　irrigation 灌漑　make the most of ... …を最大限利用する

【日本語訳】

雨はどこからやってきてどこへいくの？

　雨はどこからやってきてどこへいくのでしょうか．もちろん雨は天から降ってきます．つまり空から舞い降りてきて，地面に届きます．いや，というよりはむしろ，地面にしみ込み表面下へと進み，川へ流れ落ちます．そして最後に海へと流れ落ちます．でも厳密に言えば，実際には雨は海水からくるのです．その通り．太陽光線の力を借りて，海水は水蒸気となり海の空高く舞い上がり，雨雲になります．さあ，海水から始まり，次に蒸発，そして雨雲，雨となり，再び海水にもどるという一連の雨のサイクルがお分かりでしょう．雨の母なる大地へ戻る途中で，雨は人間ばかりではなく植物にも多くの恵みをもたらします．降った雨の一部は，再び地面に浸透しダムを満たし始めます．そしてそれを私達は飲み水や灌漑用水，水力発電用として最大限活用します．やがて降った雨の一部は，また地面に染み込み川や海を満たし始めます．

【役に立つ表現】

1. finally

　　He burned up the road and finally rammed his car into a telephone pole.
　　彼は車を飛ばし，挙げ句の果て電信柱に激突してしまった．

2. on the way back

　　On the way back to his home, he dropped in a bar and got dead drunk.
　　彼は家へ帰る途中，居酒屋によってぐでんぐでんに酔っぱらった．

3. in due course

　　The rumors that their daughter eloped died down in due course.
　　彼らの娘が駆け落ちしたといううわさ話はそのうち収まった．

【発展演習問題】

人間ドックの受け方について，その手順，流れを説明してみましょう．

【手　順】

1. 病院に到着
   受付 → 問診 → 着替え
2. 検査開始
   血液・尿検査 → 血圧測定 → 眼底検査 → 視力・聴力 → 身長・体重測定 → 肺機能検査 → 心電図 → 胸部レントゲン撮影 → エコー検査 → 内科検診
3. その他オプションについて

【キーワード】

問診 an inquiry, a medical examination by interview　血液検査 a blood test　尿検査を受ける undergo urinalysis　血圧測定 measurement of blood pressure　眼底検査 ophthalmoscopy　視力検査 an eye test　聴力検査 audiometry, hearing test　身長測定 measurement of height　体重測定 measurement of body weight　肺機能検査 lung function test　心電図 an electrocardiogram　レントゲン撮影 radiography, X-raying　エコー検査 echography　内科 internal medicine　オプション option

【できあがりまでの過程】

1. 受付を済まし，問診を受けていよいよ多様な検査が始まります．

　First, you hand your insurance certificate and other necessary documents to a receptionist. The receptionist examines them and makes sure that you have all the documents required for a complete physical examination. She returns your patient's registration card and health insurance card and asks you to wait in the waiting room for questions by a nurse.

　One of the nurses approaches you and inquires about your health condition and medical history. After you go through the counseling session, you are ready to start your complete health examination. You go to a changing room to change your clothes.

2. 着替えしてまず尿検査，血液検査から始まります．

At the very beginning, you undergo urinalysis and have a blood test.

3. 次に流れに従って，血圧測定，視力，眼底検査，聴覚検査，肺活量（肺機能），身長・体重，心電図，腹部エコー，レントゲン撮影などをする．

Then you move on to the measurements of your blood pressure. Hospitals today have an electric blood measuring instrument which usually causes your blood pressure to go up. Later on, when you have your blood pressure taken by a nurse, you recover your normal blood pressure. The next things to do are an eye test and ophthalmoscopy. Every time you take an eye test, you may feel your vision getting worse. After the eyetest, you ask yourself what's next. Lost in thought, you find yourself heading for a hearing test room. After taking a hearing test, you have your height and body weight measured. Then you have a lung function test and receive an electrocardiogram as well as lung capacity. Lastly your have an X-ray examination.

4. 一日人間ドックが終わります．

This concludes your one-day complete physical examination. Any other options? Yes, other tests include a medical checkup of the brain, gastroscopy, a bone densitometry and so forth. These are available at any general hospital where a complete medical examination is conducted.

【その他の役に立つ表現】

1. initially

Initially, I thought he was a member of the Diet, but he turned out to be a news reporter.

最初，彼のことを国会議員と思ったが，新聞記者だった．

2. currently

The issue of that copyright infringement is currently the case on trial.

その著作権侵害の問題は目下裁判中である．

3. meanwhile

I was visiting the National Museum of Japanese History, meanwhile, my wife was strolling in the nearby park.

私が歴博を訪れている間，私の妻は近くの公園を散策していた．

4. subsequently

The traffic laws were revised last month and subsequently by private companies were permitted to participate in cracking down on illegal parking.

道路交通法が先月改正され，その後違法駐車取り締まりに民間業者の参入が認められた．

5. in the end

"We'll win in the end," he said.

「我々は最後には勝てるよ」と彼は言った．

7. 物語文（時間的配列 chronological order を使って）

【本　文】

English—how I learned it

This is the first of a series of articles I am going to write about language and language learning. The reason why I have chosen this topic is to let English learners know the knack of English language learning through my personal experience. I hope that this article will be of a little help to you.

I would like to begin on a personal note. "Why and how should we learn English?" were the questions I asked myself when I was in high school. We students were nearly forced to learn how to translate English into Japanese and vice versa at our school. Our honorable teacher (my former teacher) liked to have quizzes every time he had an opportunity. Also he liked to ask questions such as "What kind of word is missing in this parenthesis?" "Or what is wrong with this sentence?" and the like. I began to recognize that the way the teacher taught English was not exactly a preferable way to master it.

I do not know whether it was fortunate or unfortunate, but one day I found a book which meant a lot to me later on at a bookstore. The book was entitled "English and I" and it was written by Dr. Toru Matsumoto.

Luckily enough, I soon found one of the solutions to my problem in the book. The way as far as I understood was: "To learn to speak the language. If we do not study it as the native speaker does, we will never be able to master it. The important thing is to speak it." This was one of the ideas that I got out of this book.

Coincidentally, I began to listen to the radio conversation program on NHK radio. I was in senior high school then, and I think I kind of just stumbled across it. At that time, Dr. Matsumoto was in charge of that program, and can still clearly remember his voice that made me spellbound—the way he was speaking, the way he was engaging in the conversations and so forth. And I think that was how I got hooked on the program. Actually, Dr. Matsumoto was a kind of a mentor for me when I first began learning the English language. Well, so much for "my encounter with English."

【語　句】

knack こつ, 才覚　on a personal note 個人的な話をすれば, 個人的内容の　vice versa 反対に, 逆に, 逆もまた同様　as far as I understand 私が理解する限り　coincidentally 同時に, 偶然に一致して　stumble across 巡り会う, 偶然出くわす　spellbound 魅せられた　get hooked 虜になる, 夢中になる　mentor 指導者, 助言者　encounter with 遭遇する, 出会う　so much for …についてはそれだけにしておく

【日本語訳】

英語—いかにして学んだのか

　これからお伝えするシリーズは，ことば，およびことばの学習について述べていくものです．このテーマを選んだ理由は，私の経験を通して英語学習のコツを学んで欲しいからです．

　個人的な内容のお話からいたしましょう．「なぜ，またどのようにして英語を学べば良いのか」が私が高校の時の疑問でした．私達学生は，英語を日本語に直し，また逆に日本語から英語にするという学習をほぼ強制的にしていました．私が教わった先生は，突然テストをすることを好んでしました．また，括弧に適当な単語を入れなさいやこの英文の誤りを訂正しなさい，という問題を好みました．やがて，私はその先生のやり方は，必ずしも望ましいやり方ではないと気づき始めました．

　幸運だったか不運だったか分かりませんが，ある日私は本屋さんで，その後に大きな意味を持つ本を見つけました．その本のタイトルは，『英語と私』という本で，松本亨博士によって著されたものでした．

　幸運にも，その本で一つの解答をすぐに得ました．それは私が理解した限り次のようなものでした．『英語を話せるように学習する．ネイティブが学ぶように学習しなければ，それをいつまでたっても決してマスターできないであろう．重要な点は，英語を話せるように学習することである』．これがこの本から得た一つの考え方でした．

　時を同じくして，NHKラジオで英語放送を聴き始めました．私は高校生で，偶然その番組に遭遇しました．その当時は松本先生が番組の担当者で，私は先生の話し方，会話のやりとりなどを聞いて，今でも先生の声の虜になったことを覚えています．それが私がその番組に夢中になった理由であったと思います．事実，松本先生は，ある意味で私が初めて英語を学ぶときの良き指導者でした．厳密な意味での私の「英語との出会い」についての話は，この辺りで終わりにしたいと思います．

【役に立つ表現】

1. when

   He worked part-time when he was a student.

   学生の頃，彼は金銭的な理由からアルバイトをしていました．

2. soon

   I'll be right back soon since I have an urgent business.

   緊急の用事があるのですぐに戻ります．

3. at that time

   At that time, I was very busy with odd jobs because I was holding a post concurrently.

   その当時，職を兼任していたので雑務に忙殺されていた．

【発展演習問題】

個人的な経験談を考えてみましょう．ここでは，高校で一番印象に残っている出来事を設定してみましょう．

【手　順】

1. 修学旅行の思い出について，見学先ごとの体験談を時間的配列＝chronological order を使って書いてみましょう．

   下の例を参考に印象に残っている場所を挙げていきましょう．

2. 一日目：京都駅 → 伏見稲荷大社 → 醍醐寺 → 宇治平等院 → 大津

   二日目：京都市内班別行動

   三日目：大阪心斎橋 → 吉本新喜劇 → 自由散策

   四日目：京都絵付け体験 → 清水寺

3. それぞれの場所の印象・感想をスケッチ風に，時間の経過に従って描いてみましょう．

4. 83ページにある説明の1) から3) の注意事項に注意して描いてみましょう．特に，2) の個人的な話を一般化するに注意しましょう．

5. 正式な物語文を書くのではありませんので，プロットにはあまり神経質にならないでやってみましょう．

【キーワード】

修学旅行 a school excursion, a school trip　神社仏閣 shrines and temples
喜劇 a comedy　散策 a walk, a stroll　日本旅館 Japanese inns

【できあがりまでの過程】

1. 修学旅行初日の移動中の様子を交えて，それぞれの行き先での印象を書いてみましょう．

　We arrived at Kyoto Station where we began our school trip. Our first destination was Fushimi Inari Shrine, Headquarters of Inari Shrine throughout the whole country. This shrine was built as a tutelary shrine where they enshrined the fox as a guardian god. Then we moved on to Daigo-ji Temple which was built back in 874. It is the Head Temple of Daigo School of Shingon Buddhism. Next stop was Uji-Byodoin-Temple located south of Kyoto. Tilting own heads backward, we took in the splendid architecture. This temple used to be a villadom where people of exalted rank spent their leisure time. This was followed by a visit to Ohtsu City, the last leg of our journey on that day and where we stayed overnight.

2. 旅行行程の中で特に思い出に残る場面を書いてみましょう．

　Among the gardens in Kyoto, what struck me most is Ryoanji Temple, a temple of Rinzai Buddhism, which was built by Hosokawa Katsumoto in 1450.

　This temple is very famous for its stone garden. A stone garden in a dry garden style is a garden composed of only rocks, which is different from the usual Japanese gardens. This makes it very different from other gardens in Kyoto. When you say a Japanese garden, it usually refers to a landscape garden composed of rocks, trees, ponds and other natural things.

　In our youth, everyone has memorable events or things like this that strikes him or her most. Those are treasures in his or her young days. They must be kept for a long time.

【その他の役に立つ表現】

1. after

   After she left home, nobody knows where she has gone.

   家を出てからは，彼女がどこに行ったのかだれも分からない．

2. afterward

   I am very busy at this moment, so I will do it afterward.

   今はとても忙しいので，後でそれをやります．

3. as long as

   As long as I live, I will protect you. So marry me.

   私が生きている限り，僕が君を守るよ．だから結婚して．

4. as soon as

   As soon as I finish my homework, I will help you with yours.

   自分の宿題が終わりしだい，君の宿題を手伝ってあげるよ．

5. at first

   At first, she did not like to act it out.

   最初彼女はそれを演じるのが嫌いだった．

6. at last

   At last, she did it!

   ついに彼女はやりました．

7. at length

   He told me a boring story at length.

   彼は長々と退屈な話を私にした．

8. at once

   Tell me the story in detail at once.

   ただちに詳細な話を私にしてくれ．

9. at present

   I commute by train at present.

   目下のところ列車で通勤しています

10. before

    I have read that detective story before.

私は以前その探偵小説を読んだことがあります.

11. currently

He is currently working part-time at a fast-food restaurant.

彼は現在ファーストフードの店でアルバイトをしています.

12. during

Many high schools in Japan have long-term extra-curricular activities during the summer vacation.

日本の多くの高校では,夏休み中に長期にわたる部活動をしている.

13. earlier

We'll start earlier than usual today.

今日はいつもより早く出発します.

14. eventually

Eventually she has found a long-awaited profession.

彼女はついに久しく待ち望んだ仕事を見つけた.

15. finally

Finally, I found a promising young lady for the post.

ついに,私はそのポストに有能な女性を見つけた.

16. first, second,

First, let me start off by introducing myself. Second (Secondly), let me ask you the following questions.

最初に自己紹介をさせていただきます.次に,皆様方にいくつか質問をしたく存じます.

17. from this time

From this time, I think I would be better to back out of the deal with that construction company.

今後,あの建設会社との取引から手を引いた方がいいと考えている.

18. immediately

Come to the office immediately. We have an urgent business to attend to.

会社にすぐ来てくれたまえ.至急やらねばならないことがある.

19. in the future

We must study harder in the future.

これからはいっそう一生懸命勉強しなければならない．

20. in the meantime

You should make a copy of the document. In the meantime, I will see to the conference room arrangement.

その書類のコピーをとっておいてくれ．その間に，私が会議室の準備の手配をしておくから．

21. in the past

He has been a famous movie star in the past.

彼は昔は有名な映画スターであった．

22. just then

Just then, I came across a friend of mine at the intersection.

ちょうどその時，交差点で私は友人に出くわした．

23. last

I arrived last in a triathlon competition the other day.

この間のトライアスロン競技では最終であった．

24. later / lately

I wonder why he came later than usual yesterday. He is always punctual.

昨日彼はいつもよりなぜ遅く来たのかしら．いつも時間には几帳面なのにね．

I have been as busy as a bee lately.

最近私はとても忙しくしている．

25. meanwhile

I will take the part of you, meanwhile you will take the part of me.

私はあなたの味方をしますから，あなたは私の味方をしてくださいね．

26. next

Next, you are going to take the part of B.

次にあなたはBさんの役割をやってください．

27. now

We are flying over the International Date Line now.

今，私達は日付変更線の上空を飛行しています．

28. presently

I am presently working on a major issue in education.

私は目下，教育の大きな問題に取り組んでいる．

29. recently

I have not seen him recently.

最近彼とは会っていません．

30. shortly

She will be back shortly. So, please make yourself at home until she comes back.

彼女はまもなく戻って参ります．戻るまで，どうぞおくつろぎ下さい．

31. since then

It will be 20 years since we married. There has been a lot of water under the bridge since then.

私たちたちが結婚してもうすぐ20年になります．この間，いろいろなことがたくさんありました．

32. subsequently

The flu first manifested in October in Western Japan last year and has subsequently spread throughout Japan.

昨年のインフルエンザは10月に西日本で最初に発症が見られ，その後日本全国に蔓延した．

33. temporarily

The flight to Sapporo has been temporarily suspended due to heavy snow.

大雪のため，札幌便は一時的に足止めをくっている．

34. then

She was a college student then.

当時彼女は大学生だった．

35. thereafter

Thereafter, we have been out of contact for many years.

その後，私達は長いこと音信不通であった．

36. thereupon

Thereupon, she agreed with me and supported my project.

その後すぐに，彼女と意見の一致を見て，私の事業計画を支援してくれた．

37. today

Today I would like to talk about bullying.

今日はいじめについてお話しいたします．

39. tomorrow

I will see you tomorrow at the same time and at the same place.

それでは明日，同じ時間，同じ場所でお会いしましょう．

40. until

I lived in Sapporo until 2000.

私は2000年まで札幌に住んでいた．

42. up to now

There are no casualties in the accident up to now.

現在までのところ，その事故で死傷者はでていない．

43. while

The telephone rang while I was sleeping late at night.

私が夜遅く寝ている間に電話が鳴った．

8. 描写文（空間的配列＝spatial order を使って）

【本　文】

Never say "kekko" before you see our campus cafeteria

　A visitor to our campus cafeteria is likely to view it as a congested, closed sort of world. As you walk down the stairs, the warm air and the smell of the cafeteria begin to tickle your nostrils.

　Coming to the final step downward, you will come up to the enclosed corner in which you can find food samples that make your mouth water.

　If you turn left there, you will find a counter on your right hand side where you take your pick from several dishes on a tray and carry it to the table. Opposite it, on your left hand side, are the food-ticket vending machines where you insert the money and push the button, then your meal ticket and change slide out. In between, there are many students clustering around the tables: some are eating; some are talking over a paper-cup of some soft drink. Toward the end of the cafeteria, there are strange devices: a box-like sink that swallows dishes and bowls in bubbles and a belt conveyer-like dish and a bowl carrier that disinfect them in boiling water simultaneously.

【語　句】
congested 混雑した　tickle one's nostrils（臭いなどが）鼻をくすぐる　make one's mouth water（料理などがおいそうで）よだれが出る　on your right hand side 右側　take your pick from... …から好きなものを選ぶ　cluster around …の周りに群がる　disinfect 殺菌，消毒する　simultaneously 同時に，いっせいに

【日本語訳】
我が大学の学食を見ずして結構と言うなかれ

　私達の大学にあるカフェテリアを訪れる人は，そこを混雑した，ある種閉ざされた空間としてとらえることが多いでしょう．階段を下りるにつれて，なま暖かい空気とカフェテリアの臭いが鼻をくすぐり始めます．

　最後の階段を下りきったところに，閉じられた一角があります．そこにはよだれがでそうなメニューのサンプルがあるのに気づきます．そこを左に曲がると，右手にカウンターがあり，そこからいくつか自分の好みの料理を選びお盆に載せてテーブルまで運ぶことになります．その反対側の左手方向には，食券販売機があります．そこでは，お金を入れボタンを押すと希望の食券とおつりが出てきます．カウンターと食券販売機との間には，多くの学生がテーブルの周りに群がっています．食事をしている者や，紙コップの飲み物を手にしながらお喋りをする者がいます．カフェテリアのずっと奥には，奇妙な装置があります．箱形の流し台のようなもので，皿や茶碗を泡のなかに飲み込み，またそれと同時にベルトコンベアのような食器運搬機が皿や茶碗を熱湯で消毒しています．

【役に立つ表現】

1. downward

    The economy is heading downward, so I think stocks will take a nosedive.
    経済動向が下向きになってきたので，株価が急落すると考えます．

2. come up to

    Come up to the fire and warm yourself.
    火のそばに寄って暖を取りなさい．

3. on your right hand side

    On your right hand side, you will see Tokyo Tower.
    右手をご覧ください．東京タワーが見えて参ります．

4. opposite / on the opposite side of

    There is a genuine Picasso on the wall opposite the door.
    ドアの反対側の壁に本物のピカソの絵が掛かっている．
    She was waving her arm with a big smile on the opposite side of the road.
    道路の反対側で彼女は満面の笑みを浮かべて腕を振っていた．

5. in between

    I write my thesis in the mornings and evenings. In between whiles, I cope with my business.
    朝と夕方に論文を書いています．合間に仕事をしています．

6. toward the end of

    There used to be an old house toward the end of this road.
    この道をずっと行ったところにかつて古い家がありました．

【発展演習問題】

デパートの商品売り場について，地下食品売り場の物品の配置状況，例えば和菓子売り場，お総菜売り場，麺類，乳製品売り場，お茶・海苔売り場，酒類の売り場，魚類・野菜・果物売り場など，会計の位置関係を描写しましょう．

【手　順】

1. デパートの売り場調査．売り場の表示板によって各フロアの売り場調査をする．
2. 各フロアの売り場から任意に1つ選んで，その位置関係，物品の配置状況，通路，エスカレーター，エレベーターの位置について詳しく描写してみる．
3. 売り場を説明する用語を調べてみる．

【キーワード】

売り場 a department　地下1階は食品売り場です Groceries are sold on the first basement level.　乳製品 dairy products, dairy goods　和菓子 Japanese sweets　浅草海苔 Porphyra tenera, laver　酒類 alcoholic beverages　生鮮食料品 fresh food, perishables　フロア floor

【できあがりまでの過程】

1. 地下食品，贈答品売り場についておおよその配置を記述します．

　Riding an escalator down to the basement floor, many shoppers are coming into view going this way or that way. You may almost bump into each other if you don't look ahead carefully. Now you are on the basement floor. Several steps from the escalator and you come to a fruit corner where you can buy fruit in season.

　On your right hand side, you come to another corner selling fish and meat. From there towards the end of the narrow passageway, you will come to a gift counter. On both sides of the passage, there are many counters selling Japanese sweets, chocolates and cakes, dried laver seaweed, coffee and tea, and alcoholic beverages. This is a very busy area all through the day.

　Go back to the fruit corner again and turn to the left there. You will come to a daily food counter where you can purchase some items for dinner: sushi, onigiri (rice balls), accompanying dish (okazu), fried food (age-mono) and cooked dish (ni-mono). If you progress more deeply into the basement floor, you will come to a sales floor for vegetables, where you will find a lot of cabbages piled up high, cucumbers and carrots displayed with neatness, and tomatoes, shiitake mushrooms, and ginger wrapped in plastics containers.

On the right-hand side of the basement floor, the other side of the floor, there is an elevator hall, where people take the elevator to go upstairs. The elevator hall has with some chairs where you can sit on to enjoy people-watching.

【その他の役に立つ表現】

1. above

   The noise coming from the room above got so loud that I could not sleep all night.

   上の階の騒音があまりにもひどかったので一晩中眠れなかった．

2. adjacent to

   The post office is the brick building adjacent to the library. You can't miss it.

   図書館に隣接したレンガ造りの建物が郵便局です．すぐ分かりますよ．

3. at the side of

   At the side of the road, there used to be a pillar-box.

   道路の脇にかつて郵便ポストがあった．

4. before

   She offered flowers before the altar.

   彼女は祭壇の前に花を供えた．

5. below

   The sun setting below the horizon was very beautiful.

   地平線から沈む夕日はとても美しかった．

6. beside

   It's a rule to put spoons and forks beside the knife.

   スプーンはナイフとフォークの脇に置くのが肝心です．

7. beyond

   The supermarket is beyond the post office. You can see it on your right hand side down on the road.

   そのスーパーは郵便局の向こう側にあります．通りを行った右手にあります．

8. here

You may go first, I will stay here and wait for the other members.
君達は先に行ってくれ．私はここに留まり，他のメンバー待つから．

9. herein

Herein lies a very important problem.
ここに大変な難問が横たわっている．

10. in the front / in front of

No one sits in the front row of the classroom.
だれも教室のいちばん前の席に座らない．

Modern people seem to spend most of their time sitting in front of a computer.
現代人は，コンピュータの前で日長時間を過ごすことが多いようだ．

11. in back / in the back

My hair is getting a little thin in back.
頭の後ろが薄くなってきた．

Can everybody in the back hear me?
後ろのみなさん私の声が聞こえますか．

12. in the background

We took a commemorative picture with the castle in the background.
城をバックに記念写真を撮った．

13. in the distance

We could see Mt. Fuji in the distance.
遙か遠くに富士山を望むことができた．

14. in the foreground

There is a strange figure in the foreground of the photo.
写真の前面に奇妙な人物が写っている．

15. inside

The strange sound came from inside the room.
奇妙な物音が部屋の中から聞こえた．

Let's go inside. It's very hot outside the house.

中へ入りましょう．家の外は暑いから．

16. nearby

He works for a nearby factory.

彼は近くの工場に勤務している．

My sister lives nearby.

私の妹は近くに住んでいる．

17. next to

We chose a table next to the window at the restaurant.

レストランでは窓側のテーブルを選んだ．

18. on the other side of

There is a bed on the other side of the room.

部屋の反対側にはベッドがあります．

19. outside

It's very cold outside.

外はだいぶ寒い．

If it is fine, we are having lunch outside.

天気が良ければ，外で昼食を取ります．

20. over

The sign over the door says "Watch Your Head."

ドアの上方に「頭上注意」の標示が書いてあります．

21. to the left

Keep to the left.

左側通行を励行してください．

左側を歩いてください．

22. at the rear of

There used to be a large yard at the rear of the house.

昔，家の裏には大きな庭があった．

23. under

Our house cat is lying under the table.

飼い猫はテーブルの下に横たわっている．

24. upon

The bird was sitting upon the back of the elephant.
その鳥はゾウの背中の上に乗っていた.

9. 論証文　[Argumentation（根拠を示して相手を説得する）]

【本文】
How To Communicate with People from Abroad

A proverb goes, "Speech is silver, silence is golden." But this is not always exactly true in the present society. It has been argued that speech for communication plays an important role in international understanding regardless of our vocations, beliefs, or stations in life. Professor Edwin O. Reischauer, a former U.S. Ambassador to Japan, once said: "English is the world language as of the present moment.... There are many countries, much less important in world trade, much less advanced in the process of modernization than Japan, which seem to have a much larger voice, simply because they have greater mastery of this tool of communication, the English Language."

Especially for Japan, who for a lack of natural resources, it must trade with the rest of the world. Japan will have to make her wishes known to the world through language, not just with guessing games or disputes, in accordance with the proverb "Speech is silver, silence is golden." Japan must say her own opinions in international situations without any hesitation. It has to communicate through language and to try and facilitate voluntary settlements of disputes. This means that, as is practiced by Westerners, communication is a two-way process based on give-and-take.

Come to think of it, Japanese people have not had a chance to get used to close relations with foreign countries until quite recently. Therefore they did not see themselves from various angles. For that reason, they could not find themselves and did not know where they were going. Because Japan is such an insular country, she needs to have a mirror to reflect her vision in it. This mirror is, I would say, other countries. In other words, it is only in a peaceful international society that Japan can establish her own clear-cut stance.

It is crystal clear that communication based on agreeing and disagreeing is a key to opening up the door of Japan to the rest of the world. For that particular reason, we will have to start with the everyday communication with the people around us, especially with people from abroad.

Oftentimes cultural misunderstandings may result in a biased viewpoint or preconceived idea about another country. These in turn may prove to be points of friction in international relations. In this respect, we will not be able to live without some "window to the world" in the form of English. This goes to show that "Speech is golden, silence is silver."

Today, as it has been often said, there is a much larger communication gap between the U.S. and Japan, and who better than we can assume leading positions and contribute to reducing this gap?

Let us bear in mind that we can overcome the "language barrier" and be able to communicate with people from abroad.

Let us not forget that it is we who will be to make the first step towards real communication.

【語　句】

in this connection これに関しては　guessing game 腹の探り合い　without any hesitation 積極的に，躊躇なく　come to think of it 考えてみると　clear-cut 明確な，分かり易い　It is crystal clear that... …はっきりしている，一点の曇りもない　open the door of... to... …へと…の扉［門戸］を開く　preconceived idea 先入観　leading position 指導的地位　bear in mind that... (that 以下のことを) 心に留める，覚えておく

【日本語訳】

外国人といかにコミュニケーションを図るのか

　ことわざに「雄弁は銀だが，沈黙は金」というのがあります．しかし，現代

社会においては，これは必ずしも当てはまるとは言えません．職業，信条，身分にかかわらず，私達が国際理解を推進するためには，相互理解のための話す能力が大変重要な役割を果たすについては，いままでずっと議論されてきました．かつて，駐日アメリカ大使を務めたライシャワー教授によれば，「英語は現在の所，世界語である…（中略）…世界貿易ではるかに後れを取っている国々や，近代化の過程で日本よりはるかに後進国である国々がたくさんあります．しかしながら，こういった国々には，大きな発言力があります．なぜならば，彼らは英語という言語のより高度な熟練度を手にしているからである」．

特に日本の場合，資源がないこともあって世界を相手に貿易をしなければいけません．日本はその意向をことばを通して世界に訴えかけなければいけません．「雄弁は銀だが，沈黙は金」の結果として，単に腹の探り合いや論争であってはいけません．日本は，積極的に国際的環境の中で自らの意見を述べなければならないでしょう．日本は，ことばを通して相手に伝えなければいけません．そして，論争のなかから自発的な合意を促進するよう努力しなければいけません．これは，西洋人がそうするのと同じように，コミュニケーションは意見の交換に基づくものであるという意味です．

考えてみると，日本人はつい最近まで外国との緊密な関係を作るのに慣れる機会があまりなかった思います．したがって，日本人はいろいろな角度から物事を見ることができなかったのだと思います．そのため，自分を見つめ直すことができず，日本人がどこへ向かうのか理解できなかったのです．日本はそんな島国根性の国だからこそ自分達の未来像を写す魔法の鏡が必要とされているのかも知れません．すなわち，外国の国だと申し上げたいと思います．言い換えれば，平和な国際社会にこそ明確な日本の立場を見据える場所があるのです．

見解の相違を認め合うことで相互理解を図るのは，世界へと日本の門戸を開くための鍵である点に一点の曇りもありません．この点から，私達は私達を取り巻く人々と相互理解を図る必要があります．特に外国との人々と相互理解を図る必要があります．

しばしば文化的な誤解は，他国に対する偏見や先入観によると思われます．これらは国際関係において，摩擦の原因をもたらすことでしょう．この点において，私達は英語によるなんらかの「世界への窓」なしではすませることはできな

いでしょう．これは「雄弁は金，沈黙は銀」を表すことになります．

今日，日米間にはさまざまなコミュニケーションギャップがあると言われています．だれが指揮をとり，コミュニケーションギャップを解消するための手だてをうまく進めるのは誰でしょうか．

「言葉の壁」を破り，外国の人々とコミュニケーションを図ることができると，心に刻んでおきましょう．

その一歩を踏み出すのは，私達であるということを忘れてはいけません．

【役に立つ表現】

1. but

    I understand what you are trying to get at, but your argument seems to be a little bit one-sided.

    あなたの言おうとしていることは分かりますが，少し偏っていると思われます．

2. It has been argued that ...

    It has been argued that greenhouse effect has a close relationship with unusual weather.

    温室化効果は異常気象と深い関係があると議論されている．

3. This goes to show that ...

    This goes to show that you have to know how to make a speech in public.

    このことは，公の場でどのようにスピーチをすればよいのか知らなければならないということの証明となっている．

4. As it has been often said ...

    As it has been often said, English is one of the important tools for communication.

    よく言われてきたことだが，英語はコミュニケーションにとって1つの重要な道具である．

【発展演習問題】

高校生のアルバイトの是非について，賛成の立場から議論を展開してみましょう（ディベートでは判断論題に相当すると考えられます）．

【手　順】
1. 高校生がするアルバイトの意味を訴えます（相手の興味，関心を得ます）．
2. アルバイトをする利点について述べ，相手を説得します．
3. あらかじめ相手からの反論，反駁を予想した論理の展開を工夫します．
4. 最後に，アルバイトをする利点の方が，不利益な点よりも優っていると主張して相手を説得します．

【キーワード】
アルバイト a part-time job　アルバイトをする work part-time　社会の仕組み the structure of society　反駁 contravention, rebuttal　社会の動き the movements of our society　学費 school expenses　賛否両論 (the) pros and cons　親の同意を得て with parental consent　…に賛成する go along with, approve　…に反対する oppose, object　生活費 cost of living, living expense　学業 school work, schoolwork　勉強の妨げになる disturb someone's work (studies)　利点 advantage　(人に)不利益を与える put someone at a disadvantage

【できあがりまでの過程】
1. 高校生がアルバイトをする意味についての論点を述べる．

　Working part-time is very interesting. The point I want to make here is that you can mingle with people outside of school. To be more precise, you will get to know many people of different ages ranging from teenagers to people in the fifties. In fact, many people from different occupational backgrounds are also working part-time here and there.

　So wherever you go and work, you can meet different people and get to know different ways of life. This goes to show that working part-time is a gateway to our society.

2. アルバイトをする利点について述べ，相手を説得する．

　Some advantages of working part-time are as follows:
　1) get to know people from different walks of life,

2) get to know the structure of society,

3) become acutely aware of the movements of our society,

4) earn money to pay off your school expenses, if you want.

The first advantage of working part-time is well-known in the sense that you meet with different people from different walks of life in the workplace.

The second advantage is something to do with knowing the real world. For instance, you will be able to know money circulation, spending habits of consumers, distribution of goods and allocations of human resources.

The third advantage is that you will get involved in an actual society so that you are in a good place to understand the movements of our society. This is of course meant to say that what you do will have a direct impact on our actual society.

The fourth advantage is you will be able to earn your living. If you are not well off and can't pay for your school expenses, working part-time will be a big help.

3. アルバイトをしないことよりも，することによる利益の方が大きいと主張する．

It is often argued that working part-time has disadvantages. One of the arguments in opposition to working part-time is that it disturbs your studies. This is true in one sense, but in another sense, working part-time also has many advantages. This argument, of course, is valid if you obtain consent from your parents and limit your time spent in a part-time job.

Another argument against working part-time is that one's daily rhythm and life pattern will be changed. This kind of argument is also valid, but if you use time properly and manage your time and energy well, you can still work part-time while studying. I think you can have it both ways. If you do things properly, I think the advantages of working part-time outweigh the disadvantages.

4. 主張点を繰り返し，話の内容をまとめる．

My argument so far has been about the significance of a part-time job. I discussed four advantages along with some opposing opinions. My discussion centered around four advantages saying that there is much benefit to gain in working part-time. I think I have to say those four advantages converge on one solution, which is, working part-time is a gateway to our society. In other words, the advantages of working part-time far outweigh the disadvantages.

【その他の役に立つ表現】

＊同意する

1. On the whole, I think that your arguments are fair.

2. I agree.

3. I think you are absolutely right.

4. That's a very good point.

5. You've got a very good point there.

6. I fully support what you say.

7. I totally agree with you.

＊助言，説得する

1. You should argue from a different angle.

2. My advice would be to look at it from a different perspective.

3. Don't you think it would be better to adopt Plan 2?

＊説明を求める

1. I'm sorry, I didn't catch what you said about Plan1.

2. I'm not sure what you mean. I don't see what you mean.

3. Could you explain that again, please?

4. Would you be more specific about it?

5. Sorry, but I am not quite clear on your second contention.

6. Could you expand a little bit on what you said about Plan 3?

7. Am I correct in assuming (thinking) that the American president has veto power on this matter?

8. If I have understood you correctly, your point is that English should be taught at the elementary school level?

*意見を求める

1. What do you think about this plan?
2. What are your views on this matter?
3. What is your opinion on the Korean boom?
4. Do you have any comments on "street children"?
5. Could I have your opinion / comment on juvenile delinquency in Japan?
6. I expect you will agree with me when I say this.
7. My reaction to that argument is totally negative.

*意見を述べる

1. I definitely think that we should promote structural reforms.
2. I'm convinced that cost-cutting measures should be implemented.
3. I'm of the opinion that we should discuss alternatives to capital punishment.
4. Personally, I believe that children should discipline themselves.
5. I'm inclined to think that school lunch program deserves a new look.
6. It seems to me that we need to acquire the habit of reading in order to raise our interest in reading.

*異議を唱える

1. I can see your point, but you are barking up the wrong tree.
2. I think that's debatable.
3. I see what you mean but you are talking about it from a different standpoint.
4. I take your point, but you are looking at it from your standpoint.
5. I am afraid I can't agree with you on this matter.
6. I am not so sure about that.
7. You may be right.
8. I don't agree at all.
9. I can't accept that.
10. I agree to some extent, but on the whole my position on this matter would be consistent with the High Court final decision.

*確認する

1. So what you are saying is that the Japanese government should abide

by the World Trade Organization?
2. So you mean that ...?
3. Let me just make sure ... your point is that Mr. Abe will be the prime minister of Japan?

＊難しい論点に対応する
1. Teaching English to elementary school children is very important but it's too complex for us to deal with here.
2. It is too early for us to say whether this plan should be put into practice.
3. I'd prefer to deal with that argument later.

> ここで扱った内容
>
> ＊それぞれの英語表現技法を使った英文作法を考える
> ＊英語表現技法の実践的演習と発展的演習問題

2 英語のスピーチを書いてみる

（1） 英語のスピーチを書く

　一般的に英語スピーチというと，読者の皆さんは何を連想されるでしょうか．オバマ大統領が大統領就任時や再選勝利時に行ったスピーチでしょうか．よくテレビニュースで放映される内外の政治家や著名人，またノーベル賞受賞者などの時の人が英語で喋る光景でしょうか．最近では，日本の企業の経営者が社内の会議は英語で行っているというときのスピーチでしょうか．

　確かに，一面的には上のような印象を強く持つことがあります．しかし，本当はそれだけではないと思います．英語スピーチをもっと身近なものとして捉えることによって，英語の書く力を高める方策として用いることができれば，どうでしょうか．これを使わない手はないのではと考えますがいかがでしょうか．

　日本の英語教育に目を向けてみると，小・中・高等学校，さらには大学の英語

学習では，英語を話すという行為は，ある意味あたり前のこととして考えられています．昨今では，英語によるコミュニケーション能力の養成の必要性がさらに声高に叫ばれているのも事実です．さらには，平成 22 年 3 月に公示された文部科学省新学習指導要領でも，科目横断的に**「思考力・判断力・表現力」**の養成が明示されています．

このことから分かることは，義務教育を始め，中・高等教育でも言語による表現能力の養成が必至の条件の 1 つとなっていることが理解できます．

本節は，英語のスピーチに取り組むことで私達が英語による表現能力を高めることができるという前提に立っています．さらに，英語スピーチの原稿を書くことが，よりいっそう英語の話す力を伸ばしていくものと考えています．そして，最終的に英語の総合的な能力を高めることに繋がっていくのではないかと考えています．

それではまず何から始めればよいのでしょうか．ここでは次の 3 つの点に焦点を絞って述べていきます．

(1) 英語の話し方を学ぶのではなく，何を話すかに考えをシフトさせます．つまり **how to speak** ではなく **what to speak** に焦点を置きます．

(2) 自分の主張や意見，さらには感情，強い思いなどを効果的に表現するための理論や方法はあるのか追究します．

(3) 英語を理路整然と分かりやすく訴えかけるための方策はあるのか，こういった内容について，英語スピーチの理論研究と実践を通して追究していきます．そして，忘れてならないのは，**英語を書くことが英語を論理的に話すことに直接関わっていることに注目していきます．**

（2） 英語のスピーチを書くための第一歩は何か

英語（スピーチ原稿）を書くためには，何が必要でしょうか．おそらく皆さんは，最初に主題（テーマ）を何にするか思い悩むことでしょう．教育問題や社会問題など大きな枠組みはすぐにでも設定ができます．しかし，テーマはあまりにも広くいったい何についてテーマ絞り込んでいくのか苦境に立たされることがあるでしょう．

今ここで仮に「日本の英語教育」について話をするとしましょう．まずは，こ

のテーマに従って自由にアイデアを出し合うブレーンストーミングをします．その後，マインドマップやある種の思考図を用いるとよいと思います．

　上のテーマの「日本の英語教育」を**樹系図**に似せて，それを取り囲むように，枝葉の部分として日本，小学校の英語教育，中学校の英語教育，高等学校の英語教育，あるいは大学の英語教育，社会人の英語教育，塾・予備校の英語教育というようにどんどん書き込んでいきます．さらに，枝葉の部分をさらに拡張していき，今書いたそれぞれの日本，～の英語教育に，例えば小学校の英語教育では，だれが何をどのように，週に何時間教えるのか，具体的な教材は何を使うのか，どういうメソッドで教えるのか，何が問題となっているか等々，という具合に想起できる項目をどんどん記入していきます．こうして多様な要素を書き出していく方法を取ることができます．

　他には丸（○）を中心に据えて鍵になる語句をその中に記入し，その外周円に関連する語句を記入するものや，四角（□）などを連ねて（フローチャート方式的に）関連項目を次の四角，そしてまた次の四角へと書き込みをしていくやり方もあります．

　このような方式で，テーマを絞り込むための流れをつくることができます．その結果，それぞれの問題の焦点が見えてき，どう話の展開方法を導き出していくのか参考にすることができます．そしてこのあと，話し手が最も伝えたいこと（**thesis statement**）を，「私たちが目指すべきコミュニケーションのための英語教育では，英語ライティングを重要視した新しい学習の仕方を構築する必要がある」と仮に設定したとします．

　これらの点を考慮して英語スピーチの構成を導き出していくと次のようになります．

① 　最初に，英語教育を取り巻く現況について考えることになり，英語教育の置かれている状況を分析することになります．

② 　現状分析の結果，どのような問題があるのか，どのくらい問題が深刻なのかが把握できます．また，現状をこのまま放置しておくと事態がいっそう悪化し人々が不利益を被るとも考えられます．

③ 　問題点を絞りだし，箇条書きにしてみます．

④ 　では，どうすれば現状の問題点が解決できるのか考えていきます．ここ

では，いくつかの解決策を考えていくことになります．
⑤ 解決策を提示します．そのことによってどのような利点が得られるのか議論します．例えば，どのような英語教育の施策が実際に行われれば上の thesis statement（英語のスピーチでは specific purpose とも呼ばれる）が実現できるのか，多方面から議論を展開していきます．
⑥ 実際的なプランの提示を行い，それによってもたらされる効果，改善点などについてさらに議論を展開します．
⑦ 最終的に，最も効果のある教育施策，あるいは個別的にはどのような学習理論が考えられのかといった議論を集約し，それらをまとめていきます．
⑧ その際，プランを提示する前提条件として，現状の問題を引き起こす法律の不備や問題の在処を明確にしておかなければいけません．これは，**内因性（inherency）**と呼ばれるもので，重要なステップの1つです．
⑨ 次にプランの**問題解決性（solvency）**や，プランを実行に移すための財政的裏付けについても考えてみる必要があるでしょう．その後，どのような利点がもたらされるのか，そして現状がどのように改善されるのか提案していきます．

（3） 英語スピーチを書く上で，重要な理論はこれだ
スピーチの目的と発表形式

スピーチの目的には，主に儀礼的なもの（相手を楽しませるスピーチ，テーブル・スピーチなど），情報を伝えるためのもの，説得するためのものがあります．これらの目的を達成するためには，話し手は個人的な感情や情報を筋道立てて構成し，効果的に話すことが必要とされています．言い換えれば，話し手の悦びや悲しみ，情報や意見をうまく整理，構成してそれぞれのスピーチの目的に従って伝えていきます．

より具体的には，以下のように分類できます．
英語スピーチの目的（general purpose）は，主に下の4つです．
① Speech to Entertain
② Speech to Inform
③ Speech to Persuade

④ Speech to Actuate

①は聞き手を楽しませるスピーチで，after-dinner speech がそれにあたります．他に結婚式やパーティで行われる儀礼的なスピーチが含まれます．

②は聞き手に情報を伝えるスピーチで，新しい商品のプレゼンテーションや，新しい情報，役に立つ情報を伝えるためのスピーチと考えられます．このスピーチの大きな目的は聞き手に役に立つ情報であることと，その情報をよく理解してもらうことにあります．

③は文字通り聞き手を説得するスピーチです．スピーチの最も多くはこの形のスピーチです．何といっても，スピーチの醍醐味は聞き手を説得し，ある論点について考えてもらうことにあります．さらに，相手に自分の考えを理解してもらい納得してもらうところが重要となります．

④は説得の結果，聞き手に行動を起こしてもらうことが重要となります．例えば，選挙演説はそれに当たると考えられます．また，喫煙は健康に良くないと訴え，その結果聞き手に禁煙をしてもらう効果をねらっています．

次に英語スピーチの発表形式について少し見ておきたいと思います．主な発表形式として次の4つがあります．

①即興スピーチ（Impromptu Speech）
②即席スピーチ（Extemporaneous Speech）
③原稿を読み上げるスピーチ（Manuscript Speech）
④暗記によるスピーチ（Memorized Speech）

①は文字通り，その場で指名され，用意なしで行われるスピーチです．待ったなしのスピーチです．

②のスピーチは，スピーチのタイトルが与えられ，アウトラインを用意きるだけの時間が与えられるスピーチと考えれば良いでしょう．

③は正式な発表，政治家の所信表明演説などのスピーチの原稿が手元にあるスピーチです．話し手は，その原稿を読むという形式を取ります．

④は完全に暗記による英語スピーチです．あらかじめ暗記しておいたものを聴衆の前で発表することになります．多くの高等学校，大学で行われる英語弁論大会で取られる形式です．

蛇足ですが，私が出場した全国大学英語弁論大会では，暗記によるスピーチと

②の即席スピーチ，発表したスピーチに関する質疑応答という形式が多く見られました．今後は④だけでなく，上の①，②のいずれかに質疑応答を加えた形式をとるものがさらに多くなるでしょう．

スピーチの目的と構成

　スピーチの構成を考える上で重要なのは，話す目的や，どういう構成で話を進めていけば良いのか，という点です．ここでは簡単に，スピーチの目的や構成について具体例を通して見ていきましょう．

　上の(3)ではスピーチの目的について少し述べました．おさらいをしてみますと，スピーチの目的には，4通りありました．

　① Speech to Entertain
　② Speech to Inform
　③ Speech to Persuade
　④ Speech to Actuate

の4つでした．そしてここからは4つの目的によって何を言えばよいのかの段取りをつけていかなくてはいけません．そこでここでは，スピーチの構成を考えていく過程で重要となる概念を「パトス」という視点から見ていきます．

　さて，パトスとはいったい何でしょうか．簡単に言えば，次のようになるでしょう．**パトス (pathos)** とは，「聞き手が持つ感情のことを意味し，実際スピーチをする際には，聞き手の心理状態を考慮することです」．これは，かの有名なアリストテレスが体系化を目指したスピーチの3大構成要素の1つを形成しています（エトス，**パトス**，ロゴス）．パトスでは，聞き手の年齢，聞き手の予備知識，さらには聞き手の所属する社会的階層などを考慮し，聞き手の喜び，悲しみ，怒りなどの感情に訴えることが大変重要な意味を持ってきます．このことをもう少し平坦に言い替えてみましょう．つまり，何らかのメッセージを送ろうとしている話し手は，聞き手の立場，および心理状態を考えましょう，ということになります（Ehninger ほか 1978）．

　また，エトス (ethos) は，個人の精神，気風，性格に基づくスピーチのアピール法，ロゴス (logos) は，聴衆の論理や論法に訴えかける法とそれぞれ考えればよいでしょう．

それではこういった心理的効果をねらったスピーチの構成法として **Monroe's Motivated Sequence** を詳しく見ていきましょう．

① Attention-getting Step

聞き手の注意を引きます．これはおもしろそうだなと聞き手に思ってもらえれば合格です．具体的なやり方には，なぜこのスピーチをするのかを伝え，聞き手が持っている問題意識を高めることができれば成功です．他の方法には，逸話や一口話などを効果的に使って話の導入とすることもできます．また，ちょっとした小道具，例えば，絵や写真，または実物などを使うことも可能です．

② Need Step

一言で言えば，スピーチをする理由や現状分析です．役に立つ新しい「情報」や「問題」(issues) があると聞き手に意識してもらうことになります．例えば問題点を指摘するには簡単に現状を分析して，問題の根幹には現在の仕組みに問題があるからいろいろの不具合を生じていると聞き手に促すことになります．

③ Satisfaction Step

話し手の新しい「情報」や「問題」に対する解決策を提示します．つまり，話し手が「情報」を提供したり「問題」に対する「答え」を提案することを意味しています．このことによって，聞き手（読み手）がどの程度満足するのか，というのがこのステップの目的となります．

④ Visualization Step

③で提案した解決策（答え）がどのような効果をもたらすのか敷衍していきます．さらに，③で取りあげた解決策を採用しないと現状がさらに悪くなることや，あるいは解決策を採用すればどのような利点がもたらされるか強調することが望まれます．また，解決策の**蓋然性（probability）**や解決策の**問題解決性（solvency）**について触れることが重要になります．

⑤ Action Step

聞き手に実際に行動を起こさせる段階です．例えば，禁煙が話題になっているとしましょう．タバコが人体に及ぼす害を具体的に例証した後に，「タバコはやめましょう」と聞き手に訴え，「早速今日から禁煙しましょう」と，聞き手に行動を起こさせることになります．

さらにここでスピーチの目的とスピーチの構成法との関連性を見ておくことにしましょう．

Speech to Entertain は Attention-getting Step のみを，Speech to Inform は Attention-getting Step, Need Step, Satisfaction Step までを，Speech to Persuade は Attention-getting Step, Need Step, Satisfaction Step, Visualization Step までを，そして最後に Speech to Actuate では上の4つのステップにさらに Action Step を加味して，それぞれ論を展開することが必要です．

以上述べてきましたパトスを基本的理念とするスピーチの心理的展開法は，いかがでしたでしょうか．いかに話し手が聞き手の心を読むかという点が重要だということがお分かりいただけたでしょうか．現代的なスピーチ理論から言えば，「聴衆分析」ということになります．以下，その内容を簡単にまとめてみます．

① 聴衆の年齢をはじめ，男性なのか女性なのか，またどのような職業なのか考慮すべき点は多くを数えることができます．
② 聴衆の社会的，文化的関心度はどの程度か，どこにあるのかということについても「聴衆を読む」には欠かせません．相手が主婦層なのか，あるいは新社会人なのか，学生なのかによっても大きな開きがあるのは当然なことです．
③ 他に物理的なものとしては，会場はどのくらいの広さなのか，聴衆はどのくらいの人数を占めているのか，まばらに座っているのか，前列から後列まですべて埋まっているのか，といったことも考慮しなければなりません．こういった事柄は，話し手の声の出し方や目の配り方にも大きく影響してきます．その時々の状況変化に応じて，話し手は対処しなければいけないからです．

ここで扱った内容

＊英語スピーチを書くための第一歩
＊スピーチの目的と発表形式
＊英語スピーチの簡単な理論
＊英語スピーチの目的，形式および構成法

3 目的に応じた英語スピーチを書いてみる

　ここからは具体例を示し，実際の場面を考えてみましょう．例として，聞き手を「説得するスピーチ」と聞き手に「行動を起こさせるスピーチ」を取りあげ，各ステップをより詳しく見ていきましょう．なお，扱う話題は「英語スピーチ」に関するスピーチとします．

　では，なぜこの型のスピーチなのかについて簡単に説明しておきましょう．それは，スピーチの中でも最も醍醐味のあるのが「説得するスピーチ」「行動を起こさせるスピーチ」だからです．それに毎年開催される英語スピーチ・コンテストの中にあっても圧倒的に多いのがこの種のスピーチだからです．

説得するスピーチ
Speech to Persuade
*Subject: Public speaking in English is an important skill in your career
*General Purpose: To Persuade
*Specific Purpose: To convince the audience that public speaking is a useful skill at work

1. Attention-getting Step

例1

　You will be involved in public speaking in many social situations in and out of Japan in the current society. You will be very happy to have your 'say' in public.

例2

　Please look at this chart on my computer. Billions of people speak English either as their mother tongue or their second language. Therefore, the chances are that you may have to use English to communicate at some point in your life, and even come up to the front, take the podium and speak in English before an audience.

2. Need Step

例 1

The world is shrinking year after year and day by day. People of many walks of life get together at parties, lecture meetings, or other social gatherings. On such occasions, English is spoken in many cases in order to get our message across. However, Japanese people tend to be quiet and confine themselves to saying just a few words. This is because they are not accustomed to speaking in public.

例 2

You need to know how to speak in public. If you don't know how to make a speech in public, you are likely to feel bashful speaking in front of many people. If you don't know how to behave in social occasions, you will feel embarrassed easily. Things are not complicated, however, because all you have to do is to come out and say what you want to say.

3. Satisfaction Step

例 1

In order to overcome this situation, people should learn how to speak in public. (Public speaking is an answer to this difficulty.)

例 2

All you should do is not to hesitate and keep up your courage. The answer lies in front of you. The spirit that you have now counts well. Don't try to stay away from where you are now. The challenging spirit is necessary. Please stand up and say what you have to say so that your saying counts. The only thing you should do is to know how to make a speech in public.

4. Visualization Step

例 1

Communication skills in the form of public speaking will help and benefit you a lot. For one thing, you will be able to know how to convey your ideas and beliefs through English logically and effectively. Secondly, by actually making speeches, you will be able to speak English with confidence.

例 2

By acquiring speaking ability through making speeches, you will be able to look at issues from a broad perspective and therefore widen your knowledge.

行動を起こさせるスピーチ

Speech to Actuate

*Subject: Public speaking is a wonderful asset

*General Purpose: To actuate

*Specific Purpose: To get the listeners to start learning public speaking

1. Attention-getting Step

例 1

How wonderful it is to speak English in public!　You will be able to share your feelings and thoughts with an audience.

例 2

Do you want to be left alone at parties? Or do you want to steal the show at the party? Of course, I am sure you want to become the focus of public attention by boldly asserting your opinion.

2. Need Step

例 1

But unfortunately, many people don't have fun with public speaking. Why? That is because they don't know how to speak in public. In fact, they only have casual conversations and do not go on further to public speaking.

例 2

The reason is simple. We are not well trained to speak in public systematically at school at an early age. So we are rather poor in making ourselves clear in public speaking. Basically, however, I think we like to talk and we also want to become good speakers in front of people. But the fact that remains is how we can do it.

3. Satisfaction Step

例 1

　People should start learning public speaking. If you know the knack of it, you will surely be able to understand how to start out your learning. To put it another way, if you have a will to do so, you will be a grand master of public speaking. All you have to do is to come out and start learning.

例 2

　The answer lies in your strong willpower to do it. As you see, there is a first time for everything. Once you start learning public speaking skills, you will be able to speak English with confidence and enjoy talking to an audience.

4. Visualization Step

例 1

　Having skills in public speaking, you will be able to actively get involved in speaking English in public and have a lot of fun.

5. Action Step

例 1

　So start learning public speaking from today. All you have to do is just to come out and say what you want to say.

例 2

　Any day is lucky on which the thing occurs to one.

　以上の流れにそって，Attention-getting Step, Need Step, Satisfaction Step, Visualization Step の各ステップについては必要に応じて肉付けをしていくことができます。つまりいくつかのパラグラフを追加していけば，さらにスピーチを発展させることができます。是非，挑戦してみてください。

ここで扱った内容

＊目的に応じたスピーチの書き方
＊相手を説得するスピーチを書く
＊相手に行動を起こさせるスピーチを書く

4 ディベートの立論を書くための必要前提条件

　最近では，「ディベート」という用語を見聞きすることが多くなりました．しかし，「広く人の口の端にのぼる」，となっているのか大いに疑問が残ります．「中学校でディベートを習った」や，「ディベートという用語を聞いたことがある」と答える生徒も多くなっています．国語や社会でやったことがあるというものです．その意味では大分ディベートという言い方は世の中に浸透してきていると言えるのかも知れません．しかし，その内容について聞いてみるとどうもはっきりしません．「肯定側と否定側に分かれて話し合いをした」とか，「よく分からなかったけれど，反対意見を述べたりしました」，という返事が生徒から返ってくることがあります．どうも現象面から言えば，与えられた話題に賛成と反対の両者の立場から意見が交わされているというのは分かります．しかし，その詳しい内容となるとほとんど理解できていないというのが事実だと考えられます．

　おそらく，生徒たちはよく理解できていないというのが，本当の所ではないでしょうか．つまり，彼等の話は印象レベルの話というわけです．

　しかし，ここ十数年くらいで教育現場は少しずつ変化してきているのもまた事実です．高校生による全国規模の英語ディベート選手権大会が行われているからです．それにこのことに触発されてかどうか分かりませんが，授業研究で散見されるように簡易型のディベートがあります．また，本格的にフォーマルな形式で行われる競技ディベートに近い取り組みがあります．これは最終的に勝者と敗者を決めるものです．つまり，ある論題に基づいて肯定側と否定側に分かれ，ルールにのっとって議論を展開していく文字通りフォーマルなディベートです．このような競技ディベートで戦われる議論は主に政策論題が中心で，かなり密度の濃い内容が展開されます．ちなみに2009年の英語ディベート選手権大会の政策論題は，"The Japanese Government should prohibit worker dispatching."でした．

　そこでここでは，フォーマル・ディベートやインフォーマル・ディベートのいずれの場合にも役に立つ前提条件としての **critical thinking** について見ていきたいと思います．

はじめに

総論編でも述べたとおり，2009年3月に公示された文部科学省新学習指導要領では，科目横断的に「思考力・判断力・表現力」の育成が明示され，外国語科（英語）では，「英語」に，コミュニケーションを冠して「コミュニケーション英語」となっている点が目を引きます．

さらに，「オーラル・コミュニケーション」と「ライティング」が融合した「英語表現」という科目が新しく設けられました．

ここで特筆すべき点は，「英語を通じて，積極的にコミュニケーションを図る態度を育成するとともに，事実や意見などを多様な観点から考察し，論理の展開や表現の方法を工夫しながら伝える能力を養う」となっている点です（傍点筆者）．

以上の点から判断できるのは，おおよそ次のようにまとめることができると思われます．

(1) 「授業を実際のコミュニケーションの場面」として捉え，学習者の「思考力・判断力・表現力」を向上させる授業展開を図る．

(2) 英語では4技能の統合を図りつつも，今まで以上に学習者自らが積極的に英語を使う場面を多く持てるよう，教師，学習者がともに英語を使いながら授業，学習を進めていく．

(3) (1)，(2)を満足させるためには，ディベート的思考を取り入れた授業展開が有効である，というのがここでの主要な論点です．

以上に鑑みて，ここでは，**critical thinking** に根ざしたディベート的思考を取り入れた英語ライティングの授業とは何かについて論考を加えていくことにします．ただし，ここでの目的は，いかに教室でディベート的思考を身につけ，その結果，論理的展開がうまくできる英語ライティングを目指すことです．つまり英語ライティング学習の一形態としてのディベートを念頭に置いています．いわばそれは，日々の英語教育の中にディベート的思考を取り入れることによって，英語のライティング授業の活性化を図るもので，ディベート教育そのものではないということです．

私たちが目指すべきディベートとは何か

　旧版の指導要領でも，ディベート的思考による英語授業の取り組みは求められています．言語材料についてどのように判断し，自分なりの意見を持つか，まさにこれは「思考力」を問うものと言ってよいでしょう．英文を読み，そのまとめや意見を書き，口頭で発表する．発表した内容について質問を受け，それに答える．こうした英文を読む，書く（考える：判断力・思考力），英語を聞く（判断力・思考力），口頭で発表する（表現力）といった4技能を有機的に関連づけた学習形態と言えるでしょう．

　なかでも言語材料の真偽や説明の流れや内容について判断するとき，また音声情報や文字情報を咀嚼するためにもその橋渡しをしてくれるのが，英語の論理的思考であると考えられます．特に論説文や論証文で扱われている内容はいったい正しいのか，誤りなのか，どうしてそうなるのかといったことを批判的に見る力，あるいは論理的に文字情報が展開されているのか，いないのか，そうした判断をするときに，critical thinking を一つの柱とするディベート的思考を身につけることが必要となります．これはまさに平素の授業からディベート的思考による学習が展開されなければならないということになります．では，どうすればよいのでしょうか．

ディベートの基本形式

　ディベートとは何かについて考える際，その端緒となるのは授業での critical thinking を一つの柱とする授業展開であって，ディベート的思考を根幹に置くことにあると上で述べました．

　ここでの目的は，英語ライティングの授業でディベートそのものを学習するのではなく，**critical thinking** を中心とする展開方法を通してディベート的思考を身につけることが先決であるという点です．そしてそのための基本形式は何かについて検討していきます．

　　自由討論方式　　ある程度構造があるものの，次に触れる自由会話方式とあまり変わりません．この方式では，自分の主張＋理由を述べるということを前提に話を進めます．例えば，「スポーツは何が好きですか．野球ですか，それともサッカーですか．その理由を述べてください」という具合に，話し手は自分の主張に

その理由を付け加えて発言する形式をいいます．これではディベート的とはやはり言えませんね．私たちがよく行う日常的なコミュニケーション活動の域は出ていないからです．

　自由会話方式　　これは，構造がまったくないディベートで，賛否両論がありそうなトピックを用意して，さあ話してくださいというものです．構造がないので何を話してよいのか分からず，ただ話すという練習なので，ディベート的思考の習得に導くのは難しいと言わざるを得ません．

　フォーマル・ディベート　　限りなく正式なディベートに近いもので，Case（＝肯定側，否定側それぞれの立場における議論の流れ）を作るディベートとも呼べるものです．これは，まさしくディベートのフォーマットにのっとり行われる，**競技ディベート**（formal debate）に最も近い一連のディベート形式をとるものと言えます．

　critical thinking 方式　　構造を明確にした後に行われる簡易的ディベートを総称してこう呼ぶことにします．つまり，上で述べたディベート的思考を身につけるための方式で，しかもフォーマル・ディベートに橋渡しができる学習形態と位置づけることができます．

　この方式の根本的な目標は，critical thinking 方式に基づき，改訂前の学習指導要領からも逸脱することなく，上述した「はじめに」の（1）（2）（3）を実現させることにあります．

　では，どのような手順が考えられるのか，critical thinking が目指すところを考慮しつつ，どのような学習展開が可能か見ていくことにします．ここでの論考は，critical thinking 方式を実現するためのフォーマットを考えることになります．

　以下，議論の流れに従って展開方法を検討してみましょう．
① 　自分の主張を述べる．
② 　次に，述べた主張に対して理由を述べ，自分の主張を正当化する．
③ 　②を効果的にするため，必要に応じて現状分析をすることにより自分の主張を正当化する（また，議論の枠組みを限定するために，あらかじめ主張の中で説明を要する主な用語については定義をしておく）．
④ 　自分の主張をさらに支持するために，統計，具体的な数字などを引用す

る．また，専門家，研究者の意見を，自分の主張をサポートするために引用する．
⑤ 否定側に立った場合，どのように肯定側の主張を崩していくのか，主張 (claim)→ 理由 (reason)→ 根拠 (warrant / evidence) を議論の3本柱 (the debate triangle) の一つに据えて，反論，反駁の手掛かりを掴むようにする．相手側の議論の崩し方には，いくつかあるが，質問を投げかけることで対処する．

例1 相手方の主張（議論）に対する前提を指摘し，その真偽を問う．
例2 数字や統計データの出し方に問題はないのか．
例3 引用の信憑性，信頼性に問題はないのか．
⑥ 相手の議論の矛盾を指摘する．
⑦ 議論の矛盾を指摘された時に対応する．
⑧ 主張 (claim) の問題解決性 (solvency) を述べる．
⑨ ①〜⑧に関連する表現を同時に学習する．

＊次に①〜⑤までのすぐ使える表現を下に挙げてみましょう．

① I think.... I claim that.... My opinion is that.... In my opinion, ...
 例 I claim (think) that high school students should stop using mobile phones at school.
② Because.... The reason why I support this claim is that....
 例 Because they are likely to use them too much for personal reasons, like making plans for after school with their friends. You can go to his/her homeroom directly in between classes and talk face-to-face.
③ My definition of... is.... The present situation of mobile phones among junior high school students is that....
④ My opinion is supported by Mr. (Ms., Professor) So-and-so.... According to the (newspaper), ...
 例 According to the survey, you will be able to get a lower price on the mobile phone, if you stop using it at school. On average, you will get a discount of 30 percent, if you stop using it at school.
⑤ I think your argument is based on a warrant, which is: ....

Are you sure that the warrant is correct?
There is a problem with the way you use those figures.

題材としてよく使われる例の1つですが，船が難破して，生存者が離れ小島に漂着したと想定した場合に，漂流者3名（老人，有能な科学者，女の子）が助かったとします．そこで，3人のうち最初に誰を助けたら良いのか，というゲームをします．その際の議論の前提にあるのは何かを考え，相手の主張に対して論破するのです．これはディベート的思考を身につけるための大事な初歩的訓練となります．

例1 **Finding incorrect warrants:**
A: I think the old man should use the boat because he won't live long.
B: I think your argument is based on an incorrect warrant, which is: all old people won't live long.
A: I think the scientist should use the boat. Because he will be a very important person in society. He will do much for the benefit of humanity.
B: Are you sure that the warrant is correct?

日本人のTOEFLのスコアが，アジア地域で最下位に近い成績だと言われている．ここで使われる数字に対してどう対応するか，その方略を考える．

例2 **Finding problems with the use of figures:**
A: The students in Country B rank second in the TOEFL test and the students in Country A rank in third in the TOEFL test.
B: There is a problem with the way you use those figures. It may be that many beginning students in Country A take the TOEFL test, while only the best students in Country B take the TOEFL test. This is why the students in Country A rank higher than the students in Country B.

主張（claim）を立証するため，自分の議論をサポートするために引用を用いることがよくあります．その場合に，それらをどのように用いて論駁し，その信

憑性や信頼性に問題はないか問うための方略を考えましょう．

例3 **Finding problems with the use of quotations:**
A: Drinking wine is good for health because wine contains polyphenol. My opinion is supported by Professor Ken at Yumenoshima University, who said in an interview with the Hikaru-genji Newspaper, "Taking polyphenol is effective in the prevention of disease. So drinking wine at every meal is very effective for disease prevention."
B: All right, then how do you know that he qualifies to discuss this matter? He may be a professor of art or literature.
A: Don't worry about that. He is a professor of medical science.
B: But does he agree with other authorities? I mean to say that he really doesn't represent the majority of the experts on this matter. His opinion may be a minority opinion.

なお，例1から例3はMATSUSAKA, Hiroshi（2009）を参考に作成しています．

次に上の例3を下敷きに，引用された内容に対してどのように論駁を加えるのか，(a)〜(e) にその設問と具体例をまとめてみましょう．なお，設問 (a)〜(e) と Expressions to remember は一部を除き MATSUSAKA, Hiroshi（2009）から引用しています．

(a) **What does the quotation actually say?**
"Taking polyphenol is effective in the prevention of disease. So drinking wine at every meal is very effective for disease prevention."
*Expressions to remember:
It's unfair to take those words out of context. It's quite possible that he/she is simply saying "Wine seems to be good for your health."

(b) **Is the person an expert?**
*Expressions to remember:
How do you know that he/she qualifies to discuss this matter? He/she may be

a professor of art or something.

(c) **Does he/she agree with other authorities?**

＊Expressions to remember:

Does he/she represent the majority of the experts on this matter? His/her opinion may just be a minority opinion.

(d) **Is he/she right?**

＊Expressions to remember:

Is he/she right in saying what he/she says?

Vitamin C tablets are more effective for disease prevention.

(e) **Why does the person say what he/she says?**

＊Expressions to remember:

It's possible that he/she says that simply because he/she is getting research money from companies that produce wine.

以下，⑥，⑦，⑧の順に相手の議論の矛盾を指摘する場合，矛盾を相手から指摘された場合，プランの問題解決性や実行可能性について関連する表現を考えてみましょう．なお，⑥，および⑥の例，⑦，および⑦の例はMATSUAKA, Hiroshi（2009）から引用しています．

⑥ Aren't you contradicting yourself? You say... is bad. You also say... is OK. This means... is OK. These two points contradict each other.

例

A: All children are the same in intellectual ability. Therefore, it would be cruel to give them tests and try to find out who is more intelligent than whom.

B: Aren't you contradicting yourself? You say all children are the same in intellectual ability. You also say it would be cruel to give them tests and try to find out who is more intelligent than whom. These two points contradict each other.

⑦ There is no contradiction in what I am saying. The first part of the statement really means that.... The second part really means that....

So these two points are compatible with each other.

例

A: There is no contradiction in what I am saying. The first part of the statement really means that all children are the same in their potentialities. The second part really means that it's necessary for educators to try to test and find out whether children have acquired standard knowledge or not.

⑧ Let me present to you our plan to improve the present situation. Plank 1..., plank 2.... Our plan is better than the present system (or law). Our plan excels in three areas: (1) workability of plan; (2) system of law; (3) finance. Our plan has the following three advantages such as.... The advantages outweigh the disadvantages.

ディベート（競技ディベート）の基本手順とマナー

ここでは，競技ディベートの基本手順について，次の3点について述べておきます．

フォーマット（進行形式）　フォーマットについては，各競技ディベート主催側の意向に添った形で決められたフォーマットを良く理解すべきです．次に，フォーマットの構成要素に熟知し，ルールに従って議論を進めていくことが大事です．その際，特に重要な点は，時間の配分に注意し，与えられた時間内に話をまとめることが重要です．

ここで，2009年11月に行われた第1回千葉県高校生英語ディベート予選大会（於成田国際高等学校）にて用いられた4人制フォーマット（進行形式）を見てみましょう．

Format of Debate

発言者	役割と内容	時間
A1	肯定側立論（メリットは2点まで出せる）	4分
	準備時間	1分
N4 → A1	否定側質疑（否定側からの質問に，肯定側A1が答える）	3分
N1	否定側立論（デメリットは2点まで出せる）	4分
	準備時間	1分

A4→N1	肯定側質疑（肯定側からの質問に，否定側 N1 が答える）	3分
	準備時間	1分
N2	否定側アタック（肯定側の立論のみに対して）	2分
A3→N2	そのアタックへの質問	2分
	（肯定側 A3 からの質問に否定側 N2 が答える）	
A2	肯定側アタック（否定側の立論のみに対して）	2分
N3→A2	そのアタックへの質問	2分
	（否定側 N3 からの質問に 肯定側 A2 が答える）	
	準備時間	2分
A3	肯定側ディフェンス（アタックを受けた立論を再構築する）	2分
N3	否定側ディフェンス（アタックを受けた立論を再構築する）	2分
	準備時間	2分
A4	肯定側総括　双方の議論を比較し総括する	2分
N4	否定側総括　双方の議論を比較し総括する	2分
	合計	38分

（大会実施要項より）

これとは別に，日本語で行われる全国中学・高校ディベート選手権（ディベート甲子園）では，1チーム4人の進行形式をとっています．参考までに挙げてみます（松本ほか　2009 p.23）．

肯定側立論	6分
準備時間	1分
否定側質疑応答（否定側から肯定側へ）	3分
準備時間	1分
否定側立論	6分
準備時間	1分
肯定側質疑応答（肯定側から否定側へ）	3分
準備時間	1分
否定側第1反駁	4分
準備時間	2分
肯定側第1反駁	4分
準備時間	2分
否定側第2反駁	4分
準備時間	2分
肯定側第2反駁	4分

議論の進め方　競技ディベートにおける議論は，第一にルールにのっとって行われるという点です．時間の制限や議論の進行形式には制約があって，それらを遵守することが要求されています．

① 肯定側・否定側の立論では，それぞれの立場を明確にし，肯定側においては現状を否定（改善）し，否定側においては現状を維持するという議論の中で各立場（Case）を組み立てます．特に肯定側ではプランを提示し，プランを採択した際にもたらされる利点を提示します．否定側においては，一般的には代替案（counterplan）を出すことがありますが，この大会では禁止されているので，現状維持を訴えることになります．このとき肯定側が提示したプランに対するデメリットを述べることになります．

② 立論の後の各質疑は，肯定側の立論に対して，あるいは否定側の立論に対して行われるもので，その主な目的は確認するためのものです．例えば，聞きもらした点や良く理解できなかった点について確認し，次の議論に繋げていくものです．この時，注意する点は，

・質問は短くする．
・一つずつ質問する．
・質問する側が主導権をとる．
・意見は言わない．

③ 肯定側から否定側へ，あるいは否定側から肯定側へアタックをする場合には，相手側のどの議論に対してアタックを加えるか明らかにすることが重要です（signposting）．この時，相手側の議論の順番通りにアタックすることが望ましい．その後，その部分を否定し（negation），裏付けをとる（support）ことが必要です．

④ 肯定側ディフェンス，あるいは否定側のディフェンスの目的は，アタックを受けた部分の議論を再構築することに主眼があります．その手順は，まず自分たちの議論を再度提示する（signposting）．次に，相手側の反論を繰り返し（repeating），それに対する否定（negation）を行い，最後にその裏付け（support）を提示することになります．この裏付けは，肯定側，否定側が立論で用いた裏付けのための資料を利用することで可能となります．

⑤ 最後の総括では，肯定側，あるいは否定側の双方とも，相手側の議論，自

分の議論ともども振り返り総括を行い，自分の立場が優位にあると指摘します．

マナーと態度　競技ディベートは，必ずしもディベート学習の最終目標ではないと私は考えています．仮に最終目標となれば，結果を求めるあまり当初の目的を見失うことになるかもしれません．それは単に「勝ち負け」を競うものになってしまい，学習の励みどころか，心理的な圧迫感を味わうだけになってしまうかもしれません．それは，ともするとチーム間で勝ち負けを認めることになるからです．

むしろ目指すべきは，お互いの立場（肯定側対否定側）においていかに気持ちよく自己主張できるか，あるいは，相手の主張に対し認めるべきは認めるといった心の柔軟性を身につけるための，一つの訓練の場と考えるべきです．

お互いの主張を通して，新しい知識を身につけることができた，相手方の論理の展開や論点の素晴らしさに学ぶといった充実感のあるディベート，競技ディベートが望ましい姿であると思います．

論題について

論題とは何か　論題はディベートを進めていく上で，1つの要の部分であると言えます．論を展開する価値のあるテーマなのか，またYes/Noの二項対立的に，肯定と否定に分かれて議論できるようになっているのか，十分に検討する必要があります．例えば，「日本の国語教育」は不適切で，「英語より国語の方が重要な教科である」は適切です．

論題の種類　論題の種類には，**判断論題**（Propositions of Judgement）と**政策論題**（Propositions of Policy）があります．その内，判断論題（Propositions of Judgement）は，事実論題（Propositions of Fact）と価値論題（Propositions of Value）に分類できます．例えば，"It is difficult for Japanese to learn debate." は判断論題で，2009年度行われた全国高校生英語ディベート大会の論題，"The Japanese Government should prohibit worker dispatching." は政策論題です．

論題を設定するための条件
① 肯定，否定の議論がそれぞれ複数想定できること．
② 肯定，否定それぞれの議論の強さがほぼ同じであること．
③ 論題で扱われる政策が国の政策として採択される確率が低いこと．
④ 参加する生徒にとってやり甲斐のある論題であること．
⑤ 英文の資料が豊富に手に入ること（松本ほか 2009）．

おわりに

　ここでは，主にディベートの立論の書き方についてどのような点を考慮すれば良いのか見てきました．その結果，具体的にどのような手順で立論を組み立てていき，相手側に対してどのように反撃し，さらに自分の立場をどのように論理的に表明するかについて理解ができたと思われます．その中で **critical thinking** を一つの柱として考えることの必要性について触れてきました．総じて言えば，英語ライティングを進める際に必要で重要なカギはこの critical thinking を現実のものとすることです．そのためのディベートの基本形式，すなわち critical thinking 方式を英語ライティングにうまく反映させることが優先課題となります．さらに競技ディベートの基本手順とマナーといった一部，競技ディベートに繋げるためのヒントなどを学習することも重要です．

ここで扱った内容

＊ディベートの立論を書くための必要前提条件について
＊私達が目指すディベートについて
＊ディベートの基本形式とディベートで使う表現
＊実際のディベートの例：主にプランの提示，ディベートにおける問題解決性，有利な点，不利な点の提示について
＊ディベートの立論を書くための基本手順と論題について

5 ディベートの立論を書く時に考えること
―ディベートの立証責任と論題―

ディベートの立証責任

　ディベートというと,「どうもね」という人が多いと思います．私もかつてはそうでした．でもよく考えてみますと，英語の論理を理解するためには，これほど役に立つものはないと感じています．なぜならば，ディベートは「知のゲーム」とも言えるある種の頭脳ゲームだからです．**「知のゲーム」**といったのは，その**場面で繰り広げられる議論では，言いっぱなしでなく，理由付け，論理立てが要求されるやり取りが必要になる**からです．つまり，自分が主張する場合にも，相手の議論を論破するにも，論理性が求められるからです．

　一般論として考えてみますと，ある意見を述べる場合，その意見に理由をつけて述べることがあります．例えば，「冬が好きです．なぜならば，冬にはスキーができるからです」といったものです．この場合，ふつうはこれで話は済んでしまうと思います．ところが，ある議論をさらに追求していく場合，言いっぱなしでは困ることがあります．主張をしたからには，それを**立証する責任（Burden of Proof）**が生じることがあるわけです．

　この立証責任は，ディベートの場合，肯定側，否定側のいずれの場合であっても，ある意味その立論に集約されています．その内容は，「6 『政策論題』を扱うディベートの立論を書いてみる」で詳しく見ていきます．

論題の具体例

　さあ，ここでディベートの論題をいくつか挙げてみましょう．ディベートの論題は主に**判断論題**と**政策論題**があります．そして，判断論題には**事実論題**と**価値論題**があります．

　　　判断論題：「高校生はアルバイトをしてもよい」
　　　　　　　　「小学生は全員携帯電話を持つべきである」
　　　政策論題：「死刑制度は廃止すべきである」
　　　　　　　　「日本政府は派遣労働者を廃止すべきである」

> ここで扱った内容
> ＊ディベートの立論を書くにあたって
> ＊論題には主に判断論題と政策論題があります

6 「政策論題」を扱うディベートの立論を書いてみる

立論（Constructive Speech）を書く（1つのケース）

　政策論題では，まず現状分析を行います．肯定側の立場からすれば，現状では今あるシステムではよく機能してないと主張し，その後それに代わるプランを提示し，そのことによってどのような利点が生じるのか，またそのプランには実行可能性はあるのかについて述べ，予算等を含む問題の解決性にも触れなければいけません．否定側の場合では，現状維持を訴えるか，あるいは代替案を提案するかが立論の骨子となります．

　今ここに，ある議論のまとまりがあるとします．当然その中で自分の主張に対する立証責任が出てきます．ここで用いられる論法こそ英語の論理を追究することに繋がるのです．つまり，**ディベート思考を身につけることは，英語の論理思考を身につけることになります．さらに，ディベートの立論を書くことが，英語が論理的に展開できるだけではなく，論理的に英語を理解することに繋がる**と考えられるのです．

　ここでは，Resolved: That we should create a nation-wide program to help people stop smoking. という政策論題を設定し，禁煙支援プログラムを押し進めるという内容のプランに関する議論（肯定側の立論のうち，**プランの提示，プランの問題解決性，プランのメリット，否定側の反論**）を展開していきます．

プランの提示

例1　Plan（プラン）

A: Now let me present our plan to you to create a program to help people stop smoking. The plan consists of four planks:

(1) Establish an anti-smoking law.
(2) Make complete anti-smoking measures.
(3) Increase financial support for the anti-smoking measures by 30% through raising tobacco tax by 30%. If this is not sufficient for financing anti-smoking measures, we will secure revenues by raising tobacco tax by 40 to 50%.
(4) In order to enforce our plan, a specialized agency (an affiliated government organization) should be established in the Ministry of Health, Labour and Welfare.

【語　句】
present 紹介する，提示する　　plank(s) 本来は（政党の）綱領の（主要な）項目の意．ディベートでは，項目の意として用いる．　establish 制定する　anti-smoking law 禁煙法，反喫煙法　anti-smoking measures 禁煙対策　finance …に資金を供給する　raise tax 税を引き上げる　secure revenues 財源を得る

【日本語訳】
　　人々の禁煙支援プログラムを作るための私たちの計画をお話しいたします．計画は4つの項目から成っています．
　(1)　禁煙法を制定する．
　(2)　全面的な禁煙対策を講じる．
　(3)　タバコ税を従来の3割増しとし，禁煙支援対策に対して3割増の資金援助をする．引き上げ率3割がこの対策に対して十分でない場合は，タバコ税を4割から5割程度引き上げて，財源として税収の増収を図ります．
　(4)　厚生労働省に外郭団体を設け，プランの実施，実際の運用をとり行う．

【解 説】

政策論題を扱うディベートの肯定側の立論では，まず，①現状分析を綿密に行います．その中で，今ある制度や法体系では現在抱えている問題を解決できないとします．その結果，現状では人々が不当な扱いを受けていると述べます（**harms**）．次に，②現行制度の下では不利益な点をこうむっている人がX人いるといった量的な重要性を分析します．それに対してそうした環境に置かれている人々を守ることに価値があるとする質的な重要性のいずれかを分析します（**significance**）．そして，③人々の問題に対する取り組みのなさや無関心さ，あるいは政策や構造的な法体系の不備が，現在抱えている諸問題の原因となっていると言及していきます．これは専門的には，内因性と呼ばれています（**inherency**）．

以上を踏まえて，プランの提示を行っていきます．その際，以下の4つを考慮してプランをまとめていきます．

A. Agent of action: だれが実際に行動をとるのか述べます．国なのか，団体，個人なのか．
B. Mandate: 弊害を減らすために何をなすべきか詳述します．
C. Funding: 財源はどうするのか，その出所を明確にします．
D. Enforcement: だれが実際のプランを実行するのか明記します．

上の例1では，特にプランについてA.～D.を踏まえて英文を書いています．

プランの問題解決性

例2 Solvency of the plan

A: I can see a policy's solvency in our plan because our plan is well supported by the social trend; and more importantly, everyone really wants to make presently existing anti-smoking measures complete. And also our plan is well financed by the national tax, so we will be able to put them into practice. With this achievement of the plan, we will surely reduce the harm presented in the affirmative constructive speech.

【語　句】

solvency 問題解決性　social trend 世の中の流れ，社会の流れ　more importantly さらに重要なことだが　anti-smoking measures 禁煙対策　well-financed 資金力のある　national tax 国税　put... into practice …を実現させる　achievement 成果，達成すること　constructive speech 立論

【日本語訳】

　私たちが提案するプランには問題解決性を見いだすことができます．なぜならば，私たちが提案するプランは，世の中の流れをよく反映しているからです．そしてさらに重要なことは，多くの人々が現在ある禁煙対策を完全なものとしたいと思っている点です．さらに私たちのプランは，国税によってまかなわれるため，よりよい資金力が確保できると言えます．その結果，私たちの唱える禁煙対策を実行に移すことができると思います．これらの対策を達成することで，肯定側立論で述べた悪影響を減少させると確信します．

【解　説】

　通常，肯定側の立論では，現状が抱える問題を解決するためのプランを提示し，その後プランの問題解決性（**solvency**）について触れていきます．この問題解決性は，提示したプランがいかに現状を改善し，プランの採択の結果どのような利点が導き出されるかに至る前段階の議論と考えればよいでしょう．

プランのメリット

例3　Advantages of the affirmative plan

A: One of the advantages of the plan is that not only in Japan, but also in the world people know that smoking is bad for health and that they want to quit the habit of smoking if there is any good reason. In fact, according to a smoking cessation survey (2006-02), (1) Fifty percent of the respondents are aware that smoking is a major health risk; (2) One third think smoking could lead to a fatal illness; (3) When asked about kicking the habit, 60 percent said they could quit if they wanted to; (4) Others claimed a cigarette price hike would give them a reason to stop; If the price topped 1,000 yen, 75 percent said they would quit; (5) However, nearly one in four respondents noted they would keep on smoking regardless of the cost.*

I conclude the plan is workable enough to claim that if the plan will be adopted, the following three areas will be surely attained.

(1) The anti-smoking law has compelling force, therefore it is subject to punishment.

(2) We can spend more on anti-smoking measures because we get revenues from tobacco tax.

(3) With the enactment and enforcement of law against smoking, we can ensure more healthier and happier living.

【語　句】

smoking cessation 禁煙　respondent 回答者　health risk 健康上のリスク
fatal illness 致死的な病気　kick the habit（酒・たばこなどの）習慣をやめる
top …を越える　workable 実行可能な　compelling force 強制力　subject to punishment 懲罰の対象となる　enactment and enforcement of law 法の制定および執行　healthy and happy living 健康で幸福な生活

【日本語訳】

　私たちのプランの中で1つ有利な点は，日本人ばかりではなく，世界中の人々も喫煙は健康に良くないと分かっており，いくつか妥当な理由があれば喫煙の習慣を止めたいと思っていることです．事実，ある禁煙調査によると，次のような結果になっています．

(1) 回答者の5割の人は，喫煙は命に関わる健康上のリスクであると気付いています．

(2) 3分の1の人は，喫煙は致死的な病気を引き起こすと考えています．

＊英辞郎 Ver.118（2009 年 12 月 2 日版）

(3) 喫煙の習慣をやめるかと問われれば，6割の人が止めようと思えばタバコを止められると答えています．
(4) 他の人たちは，タバコの値上げが禁煙するきっかけを作ってくれると主張しています．もしタバコの値段が1,000円を超えれば7割5分の人がタバコを止めると言っています．
(5) しかし，4人に1人の回答者は，いぜんとしてタバコは吸い続けると指摘しています．

以上の点から，私たちが提案しているプランが採択されれば，次の3つの結果がもたらされると，この場所で，はっきりと明言いたします．
(1) 禁煙法には強制力があるので，違反が生じた場合には，罰則規定が行使されます．
(2) 禁煙法が法制化されることによって，タバコ税による国の歳入から禁煙対策に多額の資金を運用することが可能である．
(3) 禁煙法の制定および執行により，より健康で幸福な生活を送ることが可能になります．

【解　説】
ここでは文字通り，プランのプラス効果を表明していきます．すなわち，プランからもたらされる利点を明らかにしていきます．詳しくは，上の例1解説を参照してください．

否定側の反論

例4　A refutation from the negative side.
B: Still, we don't agree with your plan. We have three reasons to disagree with your contention. Firstly, we do think the present system works well enough to solve the present situation. Secondly, smoking is just a preference of each person, so the enforcement of the law for stopping smoking is asking too much. Thirdly, in terms of finance, we do not have enough budget to carry on your nation-wide program to help

people stop smoking. With these points in mind, we, the negative side, conclude that we should retain a cautious attitude to the new system for the time being. So we must say that the new system is too early to be adopted. Furthermore, the economy is not doing well; we should wait for it to recover first. Therefore, we must conclude that the plan advocated by the affirmative side has disadvantages rather than advantages.

【語　句】
refutation 反論　response(s) 返答，反応　preference, taste 好み　enforcement of law 法の執行　in terms of …に関して　carry on …を継続する　nationwide 全国的な　program 計画　for the time being 当分の間　rest of the story 話の最後の部分　economic recovery 景気回復　advocate …を主張する，支持する　retain …を保持する，持ち続ける　affirmative side 肯定側

【日本語訳】
　それでもやはり，私たちは肯定側のプランには賛成できません．私たちは肯定側の論点に反対する理由が3つあります．最初に，現在ある禁煙システムはすでに充分その機能を果たしていると考えています．2番目に喫煙は人の嗜好に関わるもので，喫煙に対して法を執行するのは行きすぎではないかと思います．3つ目に，予算の面からいって国が全国規模の禁煙支援政策を行うには充分な予算を割り当てることができないと考えます．これらの点を考慮しますと，私たちは，ここしばらくの間は，新しい制度に対して慎重な態度を取るべきであると主張します．
　それに，現在の経済状況を考えますと，時期尚早ではないかと思います．景気が回復するのを待ってはどうでしょう．私たちは肯定側から提案のあったプランには不利益な点があり賛同しかねると言わざるを得ません．

【解　説】
　反論（**refutation**）には2つの側面があります．相手の議論を攻撃する部分と自分の立場を守ることです．端的に言えば，相手の議論よりも自分たちの議論の

方が強固なものであると主張することを意味しています．

なお，上の例4を **burden of proof**（立証責任）という視点から言えば，充分とは言えませんが，相手側の議論を見直すという意味では参考になると言えます．

反論を加える際，具体的には次の3つのステップを踏むことになります．
(Repeat → Refute → Replace)
(1) 反論を加える相手側の議論を繰り返して言う．
(2) 相手側の議論に対して反論を加える．
(3) 相手側の議論の不備（弱点）を攻撃し，自分達の議論の優位性（長所）を主張し，優位な点を前面に出す．

ここで扱った内容

＊ディベートの1つのケース（議論の流れ）について
＊政策論題を扱った立論の書き方
＊肯定側のプランの提示，プランの問題解決性，プランのメリットの提示方法
＊否定側の反論について

おわりに

　本書では，日本の英語教育における「**英語ライティングの位置づけ**」について，こうあるべきであるという観点から見てきました．その中でまず英文法やその関連事項が果たす役割について私見を述べてきました．さらには，英語表現技法の習得をはじめとする，一連の英語ライティングを考える上で何が最も重要なのか，この本の総論編・各論編で述べてきました．そして，後半では演習・応用編として実際の演習を通して実際に英語ライティングに取り組んでいただきました．

　英語の総合的な力（一般的に言うところのことばの 4 技能）を身につけるためにはどうすれば良いのかという問題に対しては，英文法や英語表現技法を習得しつつ，英語の論理構造がどういうものか意識し，その上で英語のライティング力をしっかり身につけることが急務であるというのが本書の目指している所でした．言うまでもなく，それは日本人にとって，効果的な英語学習方法を意味するものです．この方法により，英語を効果的に話し，論理的に英語を展開していくことが可能となると確信しています．この意味において，英語ライティングにおける英文法，英語の表現技法はまさに車の両輪の働きをしていると言えます．

　現代の英語教育における最大の課題の一つは，英語による表現能力の向上にあると言ってよいと思います．しかし，それは今までの上辺だけを取り繕う安易な「英語会話」ではありません．英語を話すことを余り得意としない日本人にふさわしい勉強方法として書く英語を前面に据えた学習方法には大きな意義があり，それを実践できる形にしたのが本書だと言えます．

　英語を書くことで日々の喜怒哀楽を表現する力を身につけ，それを話す英語や読む英語に反映させることが私達にはどうしても必要なのです．そうすることで，さらにその上を目指すことも可能となります．つまり，英語を筋道立てて書く訓練によってもたらされる英語の論理力（logic）を活かして，縦横無尽に小

気味よく自己表現ができるようになるからです．そして，このことが日本人の英語による総合的な表現力の向上を開花させ，伸び伸びとした表現力を身につけることが現実のものとなります．

　この本を通して是非とも本来の英語力による魅力ある自己発信能力としての英語を身につけて欲しいと心より願っています．そして，英語を使って多くのことを発信することで，国や人種，宗教，心情の違いを越えて語り合う「世界」を作りあげていくことが可能となることでしょう．この本がその一助となれば幸いです．

　本書で触れることのできたものの中には，**認知言語学**の知見を参考にしたものがいくつかあります．「コア研」から始まった私の言語学への取り組みは多くの発見をもたらしてくれました．このことが発端となり多くの理論やことばに対する新しい発見や，今までの勉強ではなし得なかった言語観を与えてくれました．しかし，まだほんの入り口にしかすぎません．まだまだ学ぶべきものが数え切れないほどあります．どうぞ読者の皆さんもこれを契機に新しい学問の扉を開いてみてはいかがでしょうか．本書では，最新の知見のうち最も重要だと思われるところを取り上げていますので是非とも参考にしていただき，今後の展望を切り開いていっていただきたいと願っています．

　さて，本書の構想にあたり，とりわけ田中茂範先生（慶應義塾大学）には，多くの質問にお答えいただき，実に多くの面でご指導を賜りました．また，原稿の初期の段階から，常に温かい励ましのお言葉を頂戴いたしました．それが，どれほど励みになったことか計り知れません．ここに深く感謝申し上げます．

　他にも多くの方々からご協力を得ることができましたことは，この上ない幸運だったと感謝しております．英文校閲をしていただきました Seah Terence 先生（コスモポリタン・インスティテュート）には格別なるご配慮をいただきました．また，資料として使用を許可していただきました松坂ヒロシ先生（早稲田大学）には，心より御礼を申し上げます．アルクの槇岡理恵氏には『英辞郎』からの転載を快諾していただきました．誠にありがとうございました．元同僚の府川泰氏

には，読者の立場から数多くの建設的なご意見をいただきました．その上，氏には，忙しいなか草稿を読んでいただき，原稿の不備を指摘していただきました．心より感謝申し上げます．

　最後になりましたが，本書の編集，出版の労を執っていただきました大学教育出版の佐藤守氏と安田愛氏にも細かなところまでご配慮をいただきました．心より御礼申し上げます．

　平成 25 年 8 月　吉日

川村正樹

参考文献

本書を書くに当たって多くの先行研究を参考にさせていただきました．ここに厚く御礼を申し上げます．以下，参考文献として参照したものを挙げておきます．また，それぞれの分野で関連する有益な文献を挙げておきます．

【授業実践・参考書・教科書】

大井恭子編著（2008）『パラグラフ・ライティング指導入門』大修館書店
川村正樹（1994）「情報追加プロセッサーとしての関係代名詞」『現代英語教育』第 31 巻第 7 号 pp.37 〜 39 研究社.
川村正樹（1999）『英語力向上のためのスピーチ学習入門』リーベル出版
川村正樹（1999）「弁論・スピーチのすすめ」『英語教育』10 月増刊号　大修館書店
川村正樹（2000）「達成感のある表現活動への展開」『楽しい英語授業』Vol.20　明治図書
川村正樹訳（2000）『アメリカ人はこうしてプレゼンに自信をつけている！』スリーエーネットワーク
『高等学校　学習指導要領　平成 21 年 3 月告示』（2009）文部科学省 東山書房
崎村耕二（2009）『論理的な英語が書ける本』大修館書店
田中茂範（1993）『発想の英文法』アルク
田中茂範・武田修一・川出才紀編（2003）『E ゲイト英和辞典』ベネッセ
田中茂範（2008）『文法がわかれば英語は分かる！』NHK 出版
PROMINENCE English Writing（2006）東京書籍
松本茂（2009）『「授業ディベート」のすすめ』『英語教育』7 月号第 58 巻 4 号 pp.10-12 大修館書店
梁川寿美子（2008）「生徒が燃えるディベートを授業でやりたい」『英語教育』増刊号第 57 巻 8 号 pp.8-9 大修館書店

【研究書・専門書】

ARCLE 編集委員会（2005）『幼児から成人まで一貫した英語教育のための枠組み』リーベル出版
アンドレア・タイラー・ビビアン・エバンズ　国広哲弥（監訳）木村哲也訳（2005）『英語前置詞の意味論』研究社
大井恭子（2005）「ライティング」小池生夫編『第二言語習得研究の現在―これからの外国語教育への視点』大修館書店
大津由起雄編（2007）『はじめて学ぶ言語学　ことばの世界をさぐる 17 章』ミネルヴァ書房
近江　誠（1984）『オーラル・インタープリテーション入門』大修館書店
近江　誠（1996）『英語コミュニケーションの理論と実際：スピーチ学からの提言』研究社

久野すすむ・高見健一（2004）『謎解きの英文法　冠詞と名詞』くろしお出版
小池生夫，他編（2003）『応用言語学事典』研究社
小池生夫編集主幹（2004）『第二言語習得研究の現在』大修館書店
Ong, Walter J. 桜井直文・林正寛・糟谷啓介訳（1991）『声の文化と文字の文化』藤原書店
佐藤芳明・田中茂範（2009）『レキシカル・グラマーへの招待』開拓社
白畑知彦・冨田裕一・村野井仁・若林茂則（1999）『英語教育用語辞典』大修館書店
鈴木健・大井恭子・竹前文夫編（2006）『クリティカル・シンキングと教育』世界思想社
Howell, S. 中沢美依（1987）『英語ひとことスピーチ』北星堂書店
深谷昌弘・田中茂範（1996）『コトバの〈意味づけ論〉—日常言語の生の営み—』紀伊國屋書店
田中茂範（1990）『認知意味論：英語動詞の多義の構造』三友社
田中茂範・松本曜（1997）『空間と移動の表現』研究社
田中茂範・深谷昌弘（1998）『〈意味づけ論〉の展開』紀伊國屋書店
田中茂範・佐藤芳明・河原清志（2003）『チャンク英文法』コスモピア
田中茂範編集主幹，他編（2005）第3章「文法力：英文編成能力」『幼児から成人まで一貫した英語教育のための枠組み』リーベル出版
松本茂・鈴木健・青沼智（2009）『英語ディベート　理論と実践』，玉川大学出版部
松本亨（2002）『増補　英語演説　その原則と練習』英友社
籾山洋介（2010）『認知言語学入門』研究社
Alice Oshima, Ann Hogue. 1997. *Introduction to Academic Writing* Second Edition. Addison Wesley Longman.
Alice Oshima, Ann Hogue. 2006. *Writing Academic English* Fourth Edition. Pearson Education, Inc.
Bolinger, D. 1977. *Meaning and form*. London: Longman.
Brilhart, John K., John S. Bourhis & Charlene A. Berquist. 1992. *Practical Public Speaking*. New York: Harper Collins Publishers.
Byrns, J. H. 1997. *SPEAK FOR YOURSELF*. The McGraw-Hill Companies, Inc.
Canale, M., & M. Swain. 1980. Theoretical basis of communicative approaches to second language teaching and testing. *Applied Linguistics* 1:1-47.
Celce-Murcia, M., & Larsen-Freeman, D.1999. *The Grammar Book*. Heinle & Heinle Publishers.
Clark, Carlile S., & Arlie V. Daniel. 1991. *Project Text for Public Speaking*. New York: Harper Collins Publishers.
Echeverria, E. W. 1987. *Speaking On Issues*. Hold, Rinehart and Winston, Inc.
Ehninger, D., Monroe, A. H. 1978. *Principles and Types of Speech Communication*. Scott, Foresman and Company.
Galvin, Kathleen M., Pamela J. Cooper & Jeanie Mckinney Gordon, 1988. *The Basics of Speech*, Chicago: National Textbook Company.
Hall, E. T. 1976. *Beyond Culture*. Anchor Press.
Harrington, David & C. Lebeau. 1996. *Speaking of Speech*, Tokyo: Macmillan Language

House.

Kaplan, Robert, B. 1966. 'Cultural thought patterns in inter-cultural education.' *Language Learning: A Quarterly Journal of Applied Linguistics*. Vol.16

Keith S. Folse, April Muchmore-Vokoun, Elena Vestri Solomon 2004. *Great Paragraphs An Introduction to Writing Paragraphs* Second Edition. Houghton Mifflin Company.

Lenneberg, E. H. 1967. *Biological Foundations of Language*. Wiley.

Lucas, Stephen E. 1983. *The Art of Public Speaking*. New York: McGraw Hill Inc.

Lynn Goodnight. 1994. *Getting Started in Debate*. National Textbook Company.

MacArthur, Brian. 1996. *Penguin Book of Historic Speeches*. London: Penguin Books.

Makay, John J. 1992. *Public Speaking: Theory into Practice*. Orland: Harcourt Brace College Publishers.

MATSUSAKA, Hiroshi. 2009. 'Critical Thinking Exercises in the EFL Classroom.' Japan Association of Practical English.

Newsweek Education Program. 2006. *Essay Writing for High School Students: A Step-by-Step Guide*. Kaplan Publishing.

O'Connor, Regis J. 1988. *Speech Exploring Communication*. New Jersey: PrenticeHall.

Ong, Walter J. 1982. *Orality and Literacy*. Routledge.

Oxford Advanced Learner's Dictionary. 2005. 7th edition, Oxford University Press.

Payne, James & Diana P. Carlin. 1988. *Getting Started in Public Speaking*. Chicago: National Textbook Company.

Phillips, L., Hicks, W. S., and Springer, D. R. 1997. *Basic Debate*, 4th ed. National Textbook Company.

Prenticel, Diana & James Payne. 1989. *Public Speaking Today!* Chicago: National Textbook Company.

Siegler, R. S., DeLoache, J. S., & Eisenberg, N. 2006. *How children develop* (2nd ed.). New York: Worth Publishers.

Taylor, J. R. 2003. *Cognitive Grammar* (Oxford Textbooks in Linguistics). Oxford University Press, USA.

Verderber, Rudolph F. 1994. *Speech for Effective Communication*. Austin: HOLT, RINHART AND WINSTON.

Watson, J. B. 1913. 'Psychology as the behaviorist views it' *Psychological Review*, 20.

【その他】

アルク編集部『英辞郎第五版』(2010) アルク
新村出編『広辞苑』第五版 (1998) 岩波書店
松村明監修『大辞泉』(1998) 小学館
松本茂 (2001)『日本語ディベートの技法』七寳出版
茂木秀昭 (2001)『ザ・ディベート―自己責任時代の思考・表現技術』筑摩書房
山田雄一郎 (2005)『日本の英語教育』岩波書店
http://essayinfo.com/essays/definition_essay.php

邦文索引

ア行
相手を楽しませるスピーチ（speech to entertain） 111, 166
暗記によるスピーチ（memorized speech） 167
因果関係（cause and effect） 80, 119
渦巻型 88
英語表現Ⅰ／英語表現Ⅱ 8
英語の表現技法 76
英語を紡ぎ出す力とは何か 24
英語の論理 14-17
英文編成力としての文法 28-29
エトス（ethos） 168

カ行
外国語としての英語（English as a Foreign Language: EFL） 2
蓋然性（probability） 169
価値論題（propositions of value） 186, 188
課題作文（essay writing） 19
過程（process） 82-83, 135
冠詞の働きと役割 57-58
競技ディベート（formal debate） 178
空間の一貫性 84
結束性 70
語彙文法（lexical grammar） 44-45
構造言語学 25
行動を起こさせるスピーチ（speech to actuate） 173, 174
高コンテクスト文化（high context culture） 15
コミュニカティブ言語教授法（Communicative Language Teaching: CLT） iii
コミュニケーション 11
コミュニケーション能力（communicative competence） ii
コミュニケーションのための英語作文力（writing） 12
根拠（warrant, evidence） 179

サ行
時間の一貫性 83
「思考力・判断力・表現力」 164
事実論題（propositions of fact） 186, 188
時制（tense） 42
社会的・文化的表象現象（social and cultural representation） 16
視点 53-55
樹系図 165
主題文（topic sentence） 70
主張（claim） 179-181
習慣形成理論 26
情報を伝えるスピーチ（speech to inform） 166, 167
情報処理（information processing） 26-27
序論・本論・結論 15, 19, 20, 88
心情に訴える（emotional appeals） 85, 86
心的表象（mental representation） 25, 27
信頼性の確立（ethical appeals） 86
スピーチの発表形式 167, 168
政策論題（propositions of policy） 186, 188
説明文（exposition） 76
説得するスピーチ（speech to persuade） 171-173

ゼロ冠詞　*58*
相（aspect）　*42, 67*
即席スピーチ（extemporaneous speech）
　　　　167
即興スピーチ（impromptu speech）
　　　　167
線条性（linearity）　*29*

　タ行

単語の意味拡張　*52-53, 55*
単語の語法　*56*
単語の多義性　*51-52*
第二言語としての英語（English as a Second language: ESL）　*2*
チャンク（chunk）とチャンキング（chunking）　*58-59*
直線型　*88*
沈黙期　*90*
定義（definition）　*77-78, 94-98*
低コンテクスト文化（low context culture）
　　　　15
ディベートの基本形式　*177-178*
ディベートの立証責任（burden of proof）
　　　　188
ディベートの論題　*186*
動詞チャンク　*65-68*
統語論　*5*

　ナ行

内因性（inherency）　*166, 191*
内包的意味　*95*
喃語　*90*
認知言語学　*25, 46*
認知文法　*46*

　ハ行

パトス（pathos）　*168*

パラグラフ　*70*
判断論題（propositions of judgement）
　　　　186, 188
比較・対照（comparison and contrast）
　　　　78-79, 99
描写文（description）　*83-84*
敏感期（sensitive period）　*91*
副詞チャンク　*68-69*
プランの提示　*190*
プランのメリット　*192*
プランの問題解決性（solvency）　*191*
プロセスとしての文法　*30*
プロダクトとしての文法　*30*
文脈に依存しない意味（context-free meaning）　*46, 50*
分類（classification）　*79-80, 110*
法　*42*
母語干渉　*43*

　マ行

名詞チャンク　*60-65*
物語文（narration）　*83*
問題解決性（solvency）　*166, 169, 192*

　ラ行

理由（reason）　*179*
立論を書く（Constructive Speech）
　　　　189
臨界期（critical period）　*91*
例証（exemplification）　*80-82*
ロゴス（logos）　*168*
論証文（argumentation）　*84-85*
論題の具体例　*188*
論理　*14-17*
論理的な主張の展開（logical appeals）
　　　　85-86
論理の一貫性　*87*

欧文索引

A
action step *174*
agent of action *191*
attention-getting step *169, 171, 173*

B
Bolinger *39*

C
chronological order *83, 139*
connotation *94-95*
critical thinking *175-178*

E
EFL (English as a Foreign Language) *2*
E. H. Lenneberg *91*
ESL (English as a Second Language) *2*
enforcement *191*
essay writing（課題作文、小論文） *4, 6*

F
funding *191*

G
general purpose *166*

H
harms *191*
Hall *15*

K
Kaplan *88*

M
mandate *191*
Monroe's Motivated Sequence *169*

N
need step *169*

O
Ong *21, 24*

R
report writing *3, 6*
Robert S. Siegler *91*

S
satisfaction step *169*
significance *191*
signposting *185*
spatial order *83*
summary writing *3, 6*
supporting sentences *70*

T
thesis statement *165*

V
visualization step *169*

W
Watson *26*

■ 著者紹介

川村　正樹　（かわむら・まさき）

千葉県生まれ．青山学院大学卒業．神田外語大学大学院修士課程修了．
専攻は言語学，スピーチ・コミュニケーション，英語教育．
東京都公立高等学校英語科教諭を経て，現在，千葉県公立高等学校教諭．
主な著書に，『英語力向上のためのスピーチ学習入門』（リーベル出
版，1999年），*TEACHER'S MANUAL ORAL COMMUNICATION
COURSE Speak Out*（スピーチ部門執筆，桐原書店），英日対訳『アメ
リカ人はこうしてプレゼンに自信をつけている！』（スリーエーネット
ワーク）などがある．
『Eゲイト英和辞典』（田中茂範他編集，ベネッセコーポレーション，
2003年）の項目執筆，その他の英和辞典・和英辞典の原稿執筆，校閲
に携わる．

ワンランク上をいく英語ライティング
―英語が書ければ英語は話せる，
　英語が書ければ英語の論理が分かる―

2014年5月30日　初版第1刷発行

■ 著　　者 ── 川村正樹
■ 発 行 者 ── 佐藤　守
■ 発 行 所 ── 株式会社 大学教育出版
　　　　　　　〒700-0953　岡山市南区西市855-4
　　　　　　　電話（086）244-1268　FAX（086）246-0294
■ 印刷製本 ── モリモト印刷㈱

© Masaki Kawamura 2014, Printed in Japan
検印省略　　落丁・乱丁本はお取り替えいたします．
本書のコピー・スキャン・デジタル化等の無断複製は著作権法上での例外を除き禁じ
られています。本書を代行業者等の第三者に依頼してスキャンやデジタル化すること
は、たとえ個人や家庭内での利用でも著作権法違反です。

ISBN978-4-86429-266-5